스트레스에도 성격이 있다

스트레스에도 성격이 있다

글_ 변광호

초판 1쇄 인쇄_ 2021. 12. 13.
초판 1쇄 발행_ 2021. 12. 23.

발행처_ 삶과지식
발행인_ 김미화
디자인_ 다인디자인(E. S. Park)
편집_ 박시우(Siwoo Park)

등록번호_ 제2010-000048호
등록일자_ 2010. 8. 23.

주소_ 서울특별시 강서구 강서로47길 108
전화_ 02)2667-7447
이메일_ dove0723@naver.com

ISBN 979-11-85324-58-6 03180

스트레스에도 성격이 있다

E형 닮기, 나쁜 스트레스를
착하게 바꾸는 작은 실천

변광호 지음

유(EU) 스트레스를 활용하는 성격 유형,
E형 닮기

정신신경면역 학자로서, 국내 심신의학통합 창시자로서 팔십 평생을 살면서 얻은 가장 소중한 깨달음은 삶의 성패가 스트레스를 어떻게 처리하느냐에 달려 있다는 사실이었다. 육체적으로나 정신적으로 매일 처리해야 하는 스트레스를 어떻게 다루느냐가 어쩌면 인생에서 가장 중요한 문제일 수 있다.

스트레스는 단순히 부정적이지만은 않다. 우리가 흔히 겪는 스트레스에는 좋은 스트레스, 즉 '유(EU) 스트레스'라는 것도 있다. E형 성격은 정수整隨(사실을 있는 그대로 받아들인다는 의미로 뒤에 자세히 살펴본다.)를 바탕으로 부정적 스트레스 상황을 전화위복의 계기로 받아들여 긍정적 반응을 이끌어 낸다.

스트레스 전문 의학자들은 지난 70~80년간 스트레스를 나쁜 스트레스, 즉 디스(DIS) 스트레스로 생각하고 이를 처리하고 방어하는 성격 타입으로 A, B, C, D를 규정했다. 나는 여기에 덧붙여 5번째 유형인 유(EU) 스트레스 유형, 즉 E형을 새롭게 정립했다. 이후 많은 연구가 진행되고 있고, 아울러 좋은 성과도 축적되고 있다. 아시아심신의학회Asian College of Psychosomatic Medicine(ACPM)에서 발간하는 학회지에 2018년 관련 논문이 발표되면서 국제적으로 인정을 받기도 했다.

이론적 정립을 했던 〈E형 성격-성격의 재발견〉*에 이어 본서는 지난 5년간의 성과를 바탕으로 좀 더 실천적인 방향에서 작성됐다. 독자가 직접 본인 성향을 파악하고 진단한 뒤 무엇을 해야 하는지 알 수 있게 했다. 그 실천 과정이 'E형 닮기'다. 굳이 내 성격을 바꿀 필요 없이 E형적 요소를 첨가함으로써 그 장점을 활용할 수 있다.

성격은 유전자에 의해 정해지는 게 50%이고 나머지 절

---

*부제: 행복은 없다, 행복한 성격이 있을 뿐이다. 불광출판사, 2017년 출간.

반은 후천적으로 결정된다. 타고난 성격을 바꿀 수는 없지만, 후천적인 부분은 E형 닮기를 통해 충분히 변화할 수 있다. 유(EU) 스트레스를 잘 활용하는 성격 유형인 E형의 본질적 특징은 스트레스가 다가오는 순간 이를 있는 그대로 받아들인다. 스트레스를 운명으로 받아들이고, 전화위복의 계기로 생각한다. 스트레스를 오히려 잘된 일이고, 고마운 일로 간주한다. 이를 바탕으로 스트레스를 삶의 에너지로 활용해 나간다.

그동안 긍정적인 마음이 중요하고, 긍정적인 마인드를 가져야 한다는 이야기들이 많았다. 그러나 긍정적인 마인드를 만드는 방법에 관한 이야기는 거의 없었다. 책은 이에 관한 이야기를 담고 있다. 정수가 바로 그것이다. 정수를 바탕으로 E형 닮기 수련을 하면 긍정적인 마음이 생긴다. 독자들이 이 책을 읽고 난 뒤 E형, 정수, 전화위복, 긍정이란 이 4개의 단어만 기억해 준다면 책을 쓴 보람은 충분하다고 생각한다.

아울러 이 책에는 본인의 성격 유형을 알아볼 수 있는 설문조사표를 수록하고 있다. 간단한 15문항을 통해 앞서 이야기한 다섯 가지 성격 유형 가운데 본인이 어디에 들어가는지 알아볼 수 있다.

현재 의료계는 코로나 블루로 인한 우울증의 확산 등을 심각하게 우려하고 있다. 특히 우리나라와 같은 완벽주의 기질이 있는 소위 A형 국가는 더 문제가 된다. A형 기질은 사회적 성공을 거두는 데에는 유리하지만 동시에 높은 긴장감을 유지하는 탓에 각종 정신 질환에 노출되기 쉽다. E형 성격을 이해하고 이를 닮기 위한 노력은 이 같은 코로나 블루를 극복하는 데 절대적인 도움을 줄 수 있다고 확신한다.

실제 장수마을에서 성격 검사를 해본 결과 E형 기질이 있는 사람들이 많았다. E형 기질이 장수와 밀접한 관계가 있는 셈이다. E형으로의 성격 변화는 정신 건강에 도움이 될 뿐만 아니라 이를 바탕으로 장수하는 길이 될 수 있다.

마지막으로 책을 출간하는 데 수고해 주신 모든 분께 지면을 빌어 감사의 말씀을 드린다. 이제 본격적으로 내 삶을 변화시킬 수 있는 E형 성격으로의 여행을 즐겁게 시작해 보자.

2021년 12월

변광호

제3장 – 호르몬이 흐른다

제4장 – E형으로 가는 주문 한마디

제5장 ─ E형 성격을 만드는 작은 실천

제6장 ― A형 사회, E형 사회

제1장

|

스트레스가
골칫덩이가 된 까닭

EU

스트레스에도 성격이 있다

|

"아이고, 회사에서 스트레스 많이 받으시겠어요."

"그러게요. 스트레스 없는 세상에서 살고 싶어요."

일상에서 흔히 접하는 위의 대화에서도 알 수 있듯이 대부분 스트레스는 인간에게 나쁜 영향을 미치는 악마 같은 걸로 여겨지고, 따라서 제거해야 할 표적이 되었다. 그런데 이게 불가능하다. 먹고살기 위해 스트레스 가득한 직장에 가야 하기 때문만은 아니다. 스트레스가 사라지면 인생이 더 큰 위험에 빠지기 때문이다. 아닌 밤중에 홍두깨 같은 소리로 들리는 분도 있을 법 싶다. 그러나 사실이다.

예컨대 비는 인간 삶에 없어서는 안 되는 자연 현상이지만, 때로는 홍수로 많은 사람의 목숨을 앗아가기도 한다. 홍수로 사람들이 죽는다고 해서 비가 나쁘다고 할 수는 없다. 이처럼 스트레스도 크게 다르지 않다.

나쁜 스트레스도 있지만 착한 스트레스도 있고, 슈퍼맨 스트레스도 있으며, 별맛이 느껴지지 않는 스트레스도 있다.

스트레스라는 말만 듣고 치를 떠는 대신 나쁜 스트레스를 착한 스트레스로 변환시키는 게 필요하다. 스트레스를 정확히 이해하고 긍정적으로 받아들이도록 하는 게 이 책의 취지라고도 할 수 있다.

그런 점에서 책이 말하고 있는 건 나쁜 스트레스를 좋은 스트레스로 바꾸는 방법이다. 스트레스를 피하거나 증오하기보다 속된 말로 가지고 놀 수 있게 된다. 이것을 능수능란하게 할 수 있는 사람이 바로 E형이다. 스트레스, 피하지 말고 즐겨야 한다. 충분히 즐길 수 있다.

최근에 나는 늦둥이 친손자가 10살 어린 나이에 불의의 사고로 죽는 일을 겪었다. 말로 표현할 수 없는 충격이었다. 텔레비전에서만 보던 일이, 남들에게만 벌어지는 일이라고 생각했던 사고가 버젓이 내 앞에 펼쳐졌다. 믿기지 않았다. 하늘이 무너지는 슬픔이란 이런 거구나 비로소 깨닫기 시작했다. 아들 내외의 고통스러운 모습을 보는 일도 못 할 짓이었다. 저러다 아들과 며느리마저 손자를 따라 떠나는 게 아닌가 하는 걱정도 들었다. 나이 80이 다 된 늙은이가 마주친 엄청난 고통이었다.

그러나 얼마 지나지 않아 나는 충격적인 그 사실을 운명으로 받아들이기 시작했다. 어쩔 수 없는 일이었다. 하나님께서 크게 쓰시기 위해 일찍 데려갔으니 기꺼이 받아들이자면서 미소로 현실을 인정하기 시작했다. 손자는 영원히 10살의 귀여운 모습으로 내가 죽는 그 날까지 기억될 것이다. 입시 지옥을 겪지 않고 떠난 손자가 어쩌면 좋은 시절만 살다 간 것일지도 모르겠다는 위안도 했다. 모든 걸 가능하면 긍정적으로 보기 시작했다.

나는 죽음 앞에 조금 더 의연하면서도 겸손할 수 있는 사람이 되었다. 슬픔의 나락으로 빠지려는 순간 그걸 받아들이고 긍정적인 방향에서 생각함으로써 고통으로 신음하기보다 지난 추억을 아름답게 간직하고 나 자신을 보다 겸손하게 만들 수 있게 됐다. 유일한 친손자의 죽음은 견디기 힘든 따가운 햇볕으로 출발했으나 고마운 햇살이 되기도 했다. E형은 이렇듯 자신에게 다가온 불편한 스트레스의 성격을 바꿀 수 있는 유형을 뜻한다.

스트레스는 원래 나쁘지 않았다

스트레스란 말은 이제 누구나 한마디씩 할 정도로 대중화되었다. '스트레스를 받는다'라는 말은 내적, 외적 자극에 대한 심리적 긴장과 더불어 스트레스 호르몬이 분비되는 상황을 의미한다. 스트레스 상황이 눈앞에 벌어지면 긴장, 불안 등 정서적 반응과 스트레스 호르몬 등이 분비되는 생리적 반응이 동시에 일어난다. 그러면서 혈압이 오르고, 맥박이 빨라지며, 근육이 긴장되고, 호흡이 빨라지기도 한다.

그런데 웹스터 사전에서 정의한 스트레스는 "'적절히 적응하지 못해' 발생한 생리적 긴장으로 질병을 유발할 정도의 불편함 또는 물리적, 화학적 또는 감정적 요소들"이다. 부정적인 뉘앙스가 강하다. 현대 사회에서 통상 스트레스를 바라보는 관점도 이와 비슷하다.

직장 상사와의 갈등, 과중한 업무, 시험에 대한 압박, 실업의 고통, 부부간의 의견 대립 등 생활 속에서 받는 고통이 곧 스트레스다. 사실 틀린 말은 아니다. 그렇다고 스트레스 전부를 설명한다고 할 수는 없다. 하나의 예로 설명해 보자.

8차선 도로를 건너 버스를 타야 할 상황에 처해 있다. 그런데 횡단보도까지 30m 내려가야 하고, 길을 건넌 뒤 다시 30m를 정류장까지 거슬러 올라가야 한다. 뙤약볕이 내리쬐는 여름임을 감안하면 만만치 않은 거리다.

그 순간 하나의 옵션이 머릿속에 떠오른다. '무단 횡단.' 무단 횡단을 하면 100m를 덜 걸어도 된다. 그런데 양심이란 것이 마음속에서 목소리를 높인다. '안 돼! 법을 어기는 거야. 자칫 넓은 도로를 건너다 사고로 죽을 수도 있어. 멀어도 돌아가.'

결정을 망설이는 순간 타야 할 버스가 멀리서 오는 게 보이면 순간 마음속 무의식이 외친다. "뛰어!" 긴장감 속에 불법으로 무단 횡단을 한 뒤, 서서히 정류장으로 미끄러져 오는 버스에 올라탄다.

여기서 설명한 상황이 바로 스트레스 상황이다. 중요한 결정을 해야 하는데, 목숨을 걸고 도로를 건너야 하고, 혹시라도 경찰에 붙잡혀 벌금을 내야 하는 만약의 사태도 걱정해야 하는 긴박한 조건이 스트레스를 만든다. 따라서 우리 몸에서도 변화가 일어난다. 뇌의 명령에 따라 아드레날린 등 스트레스 호르몬이 분비되면서, 심장 박동은 빨라지고, 혈액

공급이 늘고, 혈압이 오르고, 신진대사도 활성화되고, 몸의 모든 근육은 만일의 사태에 대비할 수 있도록 비상사태에 돌입한다.

이 모든 걸 일사불란하게 처리하는 것이 바로 스트레스 호르몬이다. 그 때문에 우리는 엄청난 집중력을 발휘해 길을 건너 차를 잡아탈 수 있게 된다. 만일 스트레스 호르몬이 흐르지 않는다면 길을 건너다 넘어지거나 자빠질 수 있고, 다가오는 차를 보지 못해 사고를 당할 수도 있다.

운전할 때도 마찬가지다. 운전하면 우리는 긴장을 하게 된다. 사고가 나면 자칫 목숨을 잃을 수 있다는 정서적 불안이 발생하는 탓이다. 몸이 뻣뻣해지고, 맥박이 빨라지고, 긴장감이 증가한다. 사실 이 같은 스트레스 반응이 없으면 우리는 쉽게 사고를 낸다. 결과적으로 스트레스는 안전한 운전을 보장한다.

아울러 운전석을 내려오면 몸이 풀리듯이 스트레스 상황도 자연스럽게 사라진다. 더 재미있는 사실은 긴장의 해소 과정에서 평상시보다 높은 수준의 쾌감을 느끼기도 한다는 점이다. 뻣뻣해진 몸을 빠른 속도로 말랑말랑하게 해 주기 위해 엔도르핀과 같은 긍정 호르몬이 분비되기 때문이다. 훔쳐 먹는 사과가 더 맛있다고 생각되는 이유가 여기에 있다.

훔치는 순간에 발생한 긴장을 해소하기 위해 긍정 호르몬이 분비돼 사과 맛을 한층 돋운다.

결과적으로 스트레스는 긴장된 상황의 위험에서 안전을 제공하는 한편, 상황 종료와 더불어 희열이라는 부산물을 맛보게 해 준다. 절대 나쁘지 않을 뿐만 아니라 꼭 필요한 생리적 작용이다.

오싹한 공포 영화나 스릴 넘치는 액션 영화를 보는 이유 역시 마음속 긴장을 유발해 스트레스 상황에 처하기 위해서다. 그 상황이 영화 막판 주인공의 통쾌한 복수와 함께 해소되면서 우리는 기쁨을 만끽하게 된다. 그렇다면 이런 스트레스는 왜 현대인에게 만병의 근원이란 악동이 되었을까.

스트레스는 왜 골칫덩이가 됐을까

|

사실 스트레스는 현대 사회에서 생긴 무엇이 아니다. 원시인에게도 있었다. 들짐승 사냥에 나선 원시인은 사냥을 실행에 옮기는 순간 극도의 긴장 속에 빠져든다. 눈앞의 짐승을 잡지 못하면 토끼 같은 새끼와 여우 같은 마누라뿐 아니라 본인도 굶어야 한다. 이 같은 긴장감은 스트레스 호르몬을 분비시키고, 사냥에 성공할 수 있도록 몸의 상태를 최적화한다. 사냥에 성공하는 순간 엔도르핀이 분비되면서 긴장감은 해소되고 짜릿함이 몰려온다.

그렇다면 왜 스트레스는 악동이 되었을까. 앞서 버스 이야기로 돌아가 보자. 버스에 올라타는 순간 느낀 기쁨도 잠시, 10분쯤 지난 후 한강 다리 위에서 차가 갑자기 꽉 막혀 버린다. 앞에 큰 사고가 난 것이다.

이 상황에서 다시 뇌는 긴장하기 시작한다. 약속 시간에 늦을 수 있기 때문이기도 하고 정체로 인한 답답함 탓이다. 앞서와 마찬가지로 심장 박동 수가 빨라지고, 혈액량이 늘어나고, 신진대사가 활발해진다. 물론 정체가 금방 풀리면 엔도르핀이 다시 분비돼 몸을 정상으로 돌릴 것이다. 그런데 뜻대로 되지 않는다.

10분이 지나도 20분이 지나도 차는 꼼짝하지 않고, 그럴수록 약속 시간에 대한 걱정은 더 커져 간다. 따라서 아드레날린도 계속 분비가 된다. 스트레스 호르몬 분비로 활발해진 신진대사 탓에 갑자기 소변도 급해진다. 그럴수록 뇌는 더 긴장하고 더 많은 스트레스 호르몬을 뿜어낸다. 아무 죄 없는 운전기사를 향해 소리를 지르는 이들도 있다. 운전기사의 스트레스 지수는 더 오른다. 그러나 먹고 살려면 일부 손님의 이 같은 반응 역시 꾹꾹 눌러 참아야 한다.

그런데 이때 분비되는 스트레스 호르몬은 아무 쓸모없는 존재이다. 긴장한다고 하늘을 날아갈 수도 없고 버스를 어깨에 짊어지고 뛰어갈 수도 없다. 이렇듯 굳이 필요도 없는 스트레스 호르몬이 복잡한 사회적 구조 탓에 쏟아지는 경우가 많다는 게 현대인의 문제다.

결과적으로 문제는 현대 사회의 복잡한 구조가 과다한 스트레스 상황을 만든다는 점이다. 상사와의 갈등, 직장 내 파벌 싸움, 인터넷에 달린 댓글 등이 꽉 막힌 도로 위 승객 같은 신세로 현대인을 전락시킨다.

과거에도 이 같은 상황이 전혀 없지는 않았을 것이다. 3일 밤낮으로 비가 오고 천둥이 치는 상황에서 원시시대 사람들도 스트레스 호르몬이 과도하게 분비되는 경우가 있었다. 그러나 그들에겐 일 년에 몇 번 안 됐던 반면 현대인에게는 일주일에도 서너 차례 찾아오고, 심지어 하루에도 서너 번씩 찾아오기도 한다.

따라서 스트레스로 인한 문제를 해결하기 위해 사람들은 번잡한 도시를 떠나 조용한 시골에서 사는 꿈을 꾼다. 꽉 막힌 버스를 타야 할 일이 없어진다면 문제가 해결될 수 있다고 생각한다.

내가 아는 한 분은 서울 생활의 스트레스에서 벗어나기 위해 자청해 지방 근무를 나갔다. 조용하고 한적한 시골에서 편하게 생활하고 싶어서다. 처음 몇 달간은 좋았다고 한다. 그러나 시간이 지날수록 삶의 단조로움과 따분함 때문에 무력감을 느끼는 경우도 많았다. 귀촌을 택했던 이들 중에도 이 같은 문제 때문에 다시 서울로 돌아오는 경우도 많다고 한다.

아울러 시골 생활은 새로운 스트레스도 유발했다. 승진을 할 수 있는 기회가 줄어든 데 따른 불안, 과거보다 일에서 얻는 성취감이 적어지면서 우울감이 증가하고 이것이 마음속 울화를 일으키면서 과도한 스트레스 호르몬 분비의 원인이 되었다. 더욱이 서울 집값이 폭등하면서 속은 더 아파 왔다. 꽉 막힌 버스 안 승객처럼 오도 가도 못하는 잘못된 선택에 따른 스트레스를 더 받게 된다.

모든 사람이 동시에 과거로 돌아가지 않는 이상, 현대 사회에서는 어디에서 무슨 일을 하며 살든지 과도한 스트레스를 피하기 어렵다. 인간은 곧 사회적 동물이기 때문이다. 결과적으로 문제는 스트레스 그 자체가 아닌 과도함이 문제이다. 그걸 적절한 수준에서 조절하는 게 바로 E형 성격이다.

스트레스 해소 혹은 약물 치료

의사들은 과도한 스트레스 문제를 의학적으로 해결하려고 노력해 왔다. 환자의 어깨 위에 있는 무거운 짐을 의사가 해결할 수 있다면 과한 스트레스는 그리 큰 문제는 아닐 것이다.

따라서 의사들은 과도한 스트레스가 호르몬 분비의 불균형과 연관되어 있다는 사실을 밝혀낸 뒤, 약물 치료를 바탕으로 문제를 해결하는 방법을 찾았다. 예컨대 스트레스 호르몬의 과다로 여러 심리적, 생리적 문제를 일으킨다면 이를 억제할 수 있는 약물을 투여하는 것이다. 때론 도파민이나 엔도르핀 등 긍정 호르몬을 투입해 문제를 해결하기도 한다.

일부 의사는 그러면서 모든 질병을 치료할 수 있는 기적의 약물을 개발할 수 있다고 생각했다. 우울증이나 불면증 혹은 분노와 적개심을 해소하는 한편 행복감을 제공할 수 있는 신비의 약물이 있다고 믿었다. 소설 디스토피아에서 나오는 '소마'와 같은 약물이다.

이 같은 약물 치료는 분명 효과가 있다. 따라서 지금도 정신적인 문제가 있는 분들은 의사의 처방을 근거로 약물 치료를 받고, 문제를 해결하려고 노력한다.

그런데 약물 치료가 궁극적으로 효과를 갖기 위해선 약물 치료를 바탕으로 위험한 순간을 벗어난 뒤 회복된 신체가 자기 면역을 바탕으로 스스로 몸의 균형을 유지할 수 있어야 한다. 예컨대 감기 환자는 치료가 된 뒤 감기약을 계속 먹지 않아도 회복된 면역력이 감기와 싸울 힘을 키운다. 몸에는 항체라는 게 생성돼 같은 바이러스가 침투하면 싸워 이길 노하우도 축적한다.

하지만 스트레스 관련 치료 약물은 이 같은 선순환을 만들지 못한다. 반대로 약물에 의존하기 시작하면 자율적으로 이를 조절하는 기능이 무력화되는 한편, 약물 의존성이 더 강해진다. 즉, 과도한 스트레스 상황을 해소하기 위한 긍정 호르몬의 분비가 늘어나거나 스트레스 호르몬을 적정 수준에서 조절하는 몸의 기능이 무너진다. 약물을 투여하면 괜찮아지고 그렇지 않으면 균형을 쉽게 유지하지 못 하는 일이 일상화되면서 약물을 더 자주 찾게 된다. 이게 곧 약물중독이다. 약물로 당장 치료는 가능하지만, 궁극적 개선이 어려운 이유가 여기에 있다.

    아울러 소마와 같이 호르몬의 불균형을 자동적으로 해
소해 주는, 그래서 아침에 한 알 먹고 시작하면 온종일 편한
생활을 할 수 있는 기적의 약물 개발도 불가능하다고 말하
고 싶다. 그건 오로지 상상 속에서만 가능하다. 설령 개발된
다고 하더라도 인생이 행복으로 가득할 수는 없다. 디스토피
아란 책이 잘 보여 주고 있듯이 그런 세상에선 힘든 노력 뒤
에 찾아오는 기쁨도, 공포 영화의 짜릿함도 사라진다. 인생
의 고난은 사라지겠지만 기쁨도 같이 없어지면서 삶이 무미
건조해질 가능성이 크다.

새로운 길, 성격 바꾸기

|

스트레스 호르몬 연구자로서 이런저런 고민을 하면서 나는 한 가지 사실에 주목하기 시작했다. 동일한 강도의 스트레스를 받는 사람들 사이에서도 반응이 제각각이라는 점이다. 예컨대 버스가 꽉 막혀 정체에 빠져드는 순간 버럭 화를 내는 사람도 있지만 아무렇지 않게 앉아 있는 사람도 있다. 설사 약속 시간에 늦어지더라도 "어떻게든 되겠지요."라면서 웃어넘긴다. 반면 꾹 참고 견디는 사람도 있다. 얼굴이 화를 내는 것도 웃어넘기는 것도 아닌 스트레스를 속으로 삭이는 부류다. 버럭 화를 내는 경우만큼 건강에 좋지 않을 수 있다.

이러한 다양한 모습은 정체된 도로 위 버스 안에서만 관찰할 수 있는 것은 아니다. 우리 주변에서 흔히 볼 수 있다. 예컨대 마감이 있는 일을 두고 어떤 사람은 시간이 다가올수록 몹시 불안해하고 어쩔 줄 몰라 하지만 누군가는 오히려 신바람을 내며 의욕을 드러내고, 도전 정신을 불태운다. 똑같은 스트레스 상황에서도 누군가는 그 상황을 잘 견디고 누군가는 그렇지 못하다. 잘 견딜 수 있는 형태로 성격을 변화시킨다면 우리는 복잡하고 불안한 현대 사회에 보다 더 잘 적응할 수 있지 않을까 하는 생각이 들었다. 여기서 E형 연구에 대한 단초가 만들어진다.

이 같은 상황에서 내가 주목한 것은 다음과 같은 경우다. 차가 막히는 순간 안절부절못하고 화를 낼 듯 말 듯, 붉으락푸르락한 표정을 짓다가 어느 순간 체념한 듯 툭 내려놓은 표정을 짓고 상황을 즐겁게 받아들이는 사람이다. 처음부터 걱정하지 않는 사람이야 차 막히는 게 원래부터 문제가 아니었으니 과도한 스트레스에 관해 해결할 과제도 없다. 문제는 이 같은 상황에서 스트레스를 강하게 받는 이들에게 어떤 도움을 줄 수 있느냐이다.

예전에 일이 있어 충남 홍성에 버스를 타고 갔던 적이 있다. 토요일 오후라 차가 막힐 것으로 예상하고 느긋하게 출발했다. 그런데 사고가 나는 바람에 도로가 완전히 주차장이 되어 버렸다. 약속보다 무려 3시간이나 일찍 출발한 나는 '약속 시간보다 너무 빨리 가지 않아 다행'이라는 긍정적 생각을 바탕으로 스트레스가 과도해지는 상황을 피해가고 있었다.

그런데 옆자리에 앉아 있던 젊은 여성은 그렇지 않은 듯 보였다. 연신 시계를 보면서 홍성 터미널에서 만나기로 한 사람과 전화 통화를 하고 안절부절못하고 있었다. 옆에서 지켜보는 나까지 불안한 마음이 들 정도였다. 아마도 중요한 점심 약속이 있었던 듯싶다. 한참 이런저런 통화를 하던 그녀는 마지막으로 '먼저 다들 식사하고 계세요. 어떻게든 되겠죠.'라고 한 뒤 전화를 끊고 모든 걸 체념한 듯 한동안 멍때리는 표정을 지었다. 그러더니 갑작스럽게 나에게 상냥하게 말을 걸기 시작했다. 차도 막히는 데 지루하지 않게 가는 동안 잡담이나 하자는 의도가 읽혔다. 젊고 예쁜 아가씨가 말동무하자는데, 나야 싫어할 이유가 없었다. 우리는 그렇게 교통 체증을 즐겁게 이겨내기 시작했다.

그녀는 처음에 차가 꽉 막히는 순간 과도한 스트레스 호르몬 분비로 신체의 균형이 깨지는 모습을 보였다. 그러나 이후 툭 털어버리고 전혀 다른 사람이 되었다. 차가 막혀 약속 시간에는 이미 늦었고 아무리 걱정해도 큰 소용이 없는 상황에서, 그것에 매달리기보다 털고 나온 셈이다.

여기서 답을 찾아야 한다. 과도한 스트레스 상황을 반전시키는 것이다. 누구나 충분히 가능하다. 자연은 균형을 지향하기 때문이다. 산이 높으면 골이 깊듯이, 스트레스가 과도해지면 그것을 해결하려는 몸의 에너지 역시 강해진다. 그걸 활용할 수 있으면 된다. 균형을 잡아가는 경험을 쌓는다면 충분히 가능하다. 그런 점에서 E형 성격의 E는 긍정(EU) 스트레스를 뜻하는 동시에 균형Equilibrium을 의미한다고도 할 수 있다.

그렇다면 어떻게 균형을 잡아가는 것인가. 바로 마음에 달려 있다. 나쁜 스트레스를 긍정 스트레스로 바꾸면서 몸의 호르몬 균형을 만드는 핵심 역할을 하는 게 마음이기 때문이다. 마음을 어떻게 효과적으로 운용하느냐에 따라 스트레스라는 칼날은 맛있는 과일을 깎아 줄 수도 있고, 내 심장을 후빌 수도 있다.

세계 초일류 정보기술 기업인 애플의 창업자 스티브 잡스는 세계에서 가장 성공한 존경받는 사람 가운데 한 명이다. 전 세계 수많은 벤처기업이 롤 모델로 삼고 있다. 하지만 그는 많지 않은 나이인 57세에 췌장암으로 세상을 떠나고 말았다. 그가 수술대에 올라서 한숨처럼 토해냈던 말이 "그동안 읽어야 할 책이었음에도 불구하고 읽지 않은 책 한 권이 있는데, 〈건강한 삶〉"이었다고 한다.

건강에 큰 문제가 없는 사람들은 건강보다는 성공을 더 중요하게 여긴다. 그러다 건강을 잃고 나면 그제야 성공이 얼마나 부질없는지 깨닫게 된다. 스티브 잡스 역시 비록 대단한 성공을 거두긴 했지만, 건강이 무너진 무력한 상황에 절망했을 것이다. 아무리 돈이 많고 사회적으로 명성을 드높여도 죽으면 아무 소용이 없다.

건강 유지에 무엇이 중요한가를 따져 보면 음식이나 운동은 20% 정도 차지하고 나머지 80%가 마음 관리이다. 그중 마음 관리의 80%가 스트레스 관리라는 데 많은 의학자들이 동의한다. 그만큼 스트레스 관리가 중요하다. 마음을 먹으면 뇌가 움직이고, 뇌가 움직이면 호르몬이 움직이며, 스트레스가 관리되고, 결국 우리 몸에 큰 변화가 발생한다. 따라서 어떻게 마음을 먹느냐가 중요하다. 지금 바로 마음먹기에 따라 세상이 달라진다.

제2장

|

성격 유형이
스트레스 반응의
차이를 만든다

E형의 첫 단계는 내 성격 이해

스트레스는 앞서 잠시 언급했듯이 불편한 상황에 맞닥뜨려 아드레날린 같은 스트레스 호르몬이 분비되는 경우를 말한다. 독이 되기도 득이 되기도 하는데, 좋은 방향으로 끌고 갈 수 있어야 한다. 어렵지 않을 뿐만 아니라 고통에서 벗어나는 경험이 가능하기에 즐겁고 유쾌한 길이 될 수 있다. 첫 단추는 나의 성격에 대한 이해다. 손자병법에 나와 있듯이 나를 먼저 알아야 정확한 방향을 잡을 수 있다.

지금까지 국제심신의학계에 발표된 스트레스 성격 유형에는 A형, B형, C형, D형 4가지가 있다. 여기에 필자가 연구 개발한 E형이 추가된다. 각 성격은 스트레스를 받아들이고 대처하는 방식이 다르다. 나는 그 가운데 어디에 들어가는지 먼저 파악할 필요가 있다.

성격 유형을 알아보기 위한 도구가 다음에 나오는 스트레스 성격 진단지다. 항목별로 다섯 가지가 제시되어 있다. 그 가운데 하나를 체크하고, 각각의 개수를 설문조사지 마지막에 있는 표에 기록한다. 그 가운데 가장 높은 비율을 차지한 항목이 본인의 성격 유형이라고 할 수 있다. 한 가지 염두에 두어야 할 점은 본인이 희망하는 성격 유형이 아닌 현실의 본인 상태를 정확하고 냉정하게 체크해야 한다는 점이다. 그래야 성격 유형에 대한 정확한 분석이 가능하다.

본격적인 이야기에 앞서 먼저 전제해야 할 것은 성격은 좋고 나쁨의 문제가 아니라는 사실이다. 피부 색깔에 따라 사람을 흑인, 백인, 황인으로 구분하지만, 우열을 가릴 수 있는 게 아니다. 성격도 마찬가지다. 각각의 성격 유형은 독특한 특징을 갖는 한편, 장단점이 동시에 있다. 어느 것도 완벽할 수는 없다. 따라서 각각의 특징을 이해하는 게 중요하지 어떤 유형이 좋고 무엇이 나쁜지를 논하는 건 큰 의미가 없다.

● 스트레스 성격 진단지 ●

번호	질 문 내 용	택1
1	중요한 시험 전날 걱정이 돼 공부도 안 되고 잠을 잘 못 자는 편이다.	C
	중요한 시험 전날에도 걱정이 돼 늦게까지 공부를 한다.	A
	중요한 시험 전날 비록 준비가 부족하다고 느껴도 천하 태평하게 잔다.	B
	중요한 시험이 다가올수록 인간 등급을 매기는 시험제도에 불만이 쌓인다.	D
	중요한 시험 전 열심히 공부하지만, 당일은 모든 걸 하늘의 뜻으로 생각하고 마음을 내려놓는다.	E
2	일을 마무리 못 해도 정해진 시간에만 일하는 편이다.	B
	맡은 일은 힘들어도 어떻게든 마무리하려고 애쓴다.	A
	일을 제때 못하면 불안해져 오히려 능률이 떨어진다.	C
	일을 많이 시키는 회사 사장이 악덕 업주라고 생각하게 된다.	D
	맡은 일을 마무리 못 해도 많이 배웠다고 스스로 위로한다.	E

	매우 경쟁적이다.	A
	경쟁적이 아니다.	B
3	경쟁을 유도하는 사회가 부조리하다고 생각한다.	D
	경쟁이 두렵다.	C
	경쟁을 피할 수 없다면 즐기려고 한다.	E
	항상 책임감을 느낀다.	A
	별로 책임감을 느끼지 않는다.	B
4	책임감이 부담스럽지만 가급적 즐기려고 노력한다.	E
	책임감이 부담스럽고 두렵다.	C
	책임감을 떠맡기는 사람들이 무책임하다고 생각한다.	D
	남들이 알아주기를 원한다.	A
	나만 만족하면 된다.	B
5	남들의 시선이 부담스럽다.	C
	남들의 시선이 불쾌하다.	D
	남들이 알아주기를 원하지만 나만 만족해도 된다고도 생각한다.	E
	힘들게 애쓴다.	A
	태평하다.	B
6	힘든 일이 두렵다.	C
	힘든 일이 짜증 난다.	D
	힘든 일이 짜증 날 때도 있지만 성취감을 위해 애쓴다.	E

7	근심이 많다.	C
	불만이 많다.	D
	크게 걱정하지 않는다.	B
	근심이 생기면 일단 하고 본다.	A
	근심이 생기면 낙관적으로 생각하며 해결책을 찾는다.	E
8	미래에 대해 계획을 자주 세운다.	A
	미래에 대해 걱정하지 않는다.	B
	미래에 대해 걱정이 많다.	C
	미래에 대해 불만이 많다.	D
	미래에 대해 걱정이 많지만 잘 될 것으로 믿는다.	E
9	업무적 대화보다 사적 대화가 편하다.	B
	사적 대화보다 업무적 대화가 편하다	A
	사람과의 대화가 불안하고 불편하다.	C
	대화하다 자주 언성을 높이게 된다	D
	대화가 불편해도 뭔가 배울 게 있다고 생각한다.	E
10	마음 졸이며 결과를 기다린다.	A
	결과에 크게 연연하지 않는다.	B
	결과가 나쁠 것 같아 불안하다.	C
	결과를 기다리는 시간에 자주 짜증을 낸다.	D
	최선을 다할 뿐 결과는 하늘의 뜻이라고 편하게 생각한다.	E

11	결과가 나쁘면 좌절하면서 더 노력하겠다고 다짐한다.	A
	결과가 나빠도 크게 신경 쓰지 않는다.	B
	결과가 나쁘면 실의에 빠진다.	C
	주변 상황 때문에 나쁜 결과가 나왔다고 생각한다.	D
	결과가 나빠도 한 수 배웠다고 즐겁게 생각한다.	E
12	나의 주장이 강하다	A
	남들 하자는 대로 따라 해도 불편하지 않다.	B
	남들의 주장에 신경을 많이 쓴다.	C
	주장이 강한 사람에 대해 모르면서 목소리만 크다고 생각한다.	D
	내 주장도 하지만 적당한 선에서 타협하는 편이다.	E
13	한 번 한 약속은 끝까지 지켜야 한다고 생각한다.	A
	약속을 자주 잊어버린다.	B
	지키기 힘든 약속일지라도 거절하는 게 두렵다.	C
	상대가 약속을 지키지 않는 경우가 많다고 생각한다.	D
	약속을 지켜야 하지만 어쩔 수 없어 못 지킬 수도 있다고 생각한다.	E

14	일이 풀리지 않으면 스트레스를 많이 받는 편이다.	A
	일이 풀리지 않아도 스트레스를 잘 안 받는 편이다.	B
	일이 풀리지 않으면 주변에 미안한 마음이 든다.	C
	남들 때문에 일이 풀리지 않는다고 생각한다.	D
	일이 풀리지 않으면 조금 더 느긋해지려고 노력한다.	E
15	늘 시간에 쫓기고 할 일이 없으면 불안해진다.	A
	언제나 느긋하고 할 일이 있어도 여유를 부린다.	B
	누군가 시간을 재촉하면 불안해진다.	C
	시간에 쫓기는 현대의 삶이 불만족스럽다.	D
	시간에 쫓기는 경우에도 낙관적으로 생각하려고 노력한다.	E

알파벳	A	B	C	D	E
개수					

하이 스코어high score가 문제다

설문지 체크 결과 가장 많이 나온 성향이 본인의 성격 유형이다. 이걸 우선 파악하는 게 중요하다. 사실 15개 전부 A나 B 혹은 C 등 한 가지 항목만 나오는 경우는 드물다. 대부분 각각의 항목이 몇 개씩 섞이게 된다. 그중 가장 많은 게 본인의 주요 성격이라고 할 수 있다. 예컨대 다음은 서울에 사는 김철수 씨의 결과다.

알파벳	A	B	C	D	E
개수	8	2	1	3	1

철수 씨의 경우 A가 과반수인 8개가 나왔다. 전형적인 A형 성격이다. 특정 항목이 7개 이상이면 해당 유형의 전형적인 성격이 된다. 만일 B가 7개 이상이면 전형적인 B형 성격이라고 이야기할 수 있으며, C와 D의 경우도 마찬가지다. 아울러 D가 3개인데, D형 성격을 부차적으로 갖고 있다.

그 가운데 스트레스가 독이 될 가능성이 높은 경우는 A와 C, D가 각각 7개 이상이 나온 케이스다. 지금까지 임상 결과 전체 설문조사자의 30~40%가량이 여기에 속했다. 이 경우 E형으로 성격을 바꾸기 위한 노력이 절실하다. 그렇지 않으면 스트레스로 인한 여러 육체적 심리적 질병에 시달릴 가능성이 높다.

알파벳	A	B	C	D	E
개수	5	2	4	2	2

다음은 김철수 씨의 부인 박영희 씨의 결과다. 앞서 철수 씨와 달리 유형별 점수가 7점 이상인 경우가 없다. 여러 성격이 섞여 있다. 진취적인 동시에 내성적이고 때론 낙관적이면서도 가끔 욱하고 화가 치밀기도 한 성격이다.

본인 성격을 이해 못 해 답답하다고 푸념하는 사람은 이렇듯 다양한 성향이 섞여 있을 가능성이 높다. 여러 성향이 섞인 경우 외부인이 생각하는 그 사람의 성격과 본인 판단이 다를 수도 있다. 수박의 겉을 본 사람은 파란 과일이라고 말하고, 속만 본 사람은 빨간 과일이라고 말하는 것과 같다.

조사해보면 전체 응답자 가운데 절반 정도가 여기에 속한다. A 혹은 C나 D가 도드라진 경우보다 과도한 스트레스로 인한 질병에 시달릴 가능성은 적다. 서로 다른 성격이 견제와 균형을 이룬 상태에 존재하기 때문으로 분석된다. 그러나 동시에 특정 성향으로 과하게 발전할 가능성이 존재한다. 전형적인 A형은 A형적 특성이 강한 탓에 C형이나 D형으로 바뀔 가능성이 거의 없다고 봐도 무방하다. 그러나 A와 C 그리고 D가 골고루 섞여 있는 경우에는 외부 자극에 의해 특정 성향이 강해질 가능성이 있다. 급성 A형 성향이 되거나 혹은 D형, C형 성향이 될 수 있다. 따라서 책이 말한 E형 성격을 강화함으로써 이 같은 위험을 낮출 필요가 있다.

B의 점수가 7점 이상이라면 스트레스에 무관심한 성격이라고 할 수 있다. 스트레스를 잘 받아들이지 않는다. 남들은 전부 스트레스를 받는 데 본인은 왜 그들이 힘들어하는지 이해를 못 한다. 스트레스에 강점이 있다. 다만 이겨내는 게 아닌 무감각한 성향이기에 스트레스를 긍정적으로 활용하는 능력도 떨어진다. 사회적 성공이란 기준에서는 불리한 측면이 존재한다.

이제 각각의 유형을 더 자세히 살펴보자. 내 점수표를 염두에 둔 가운데 나는 어떤 색깔의 성향이 많은지 각자 판단해 볼 수 있다. 그걸 일단 이해해야 문제의 해결책을 찾을 수 있다.

A형, 뜨거운 열정이 독이 될 수 있다

A형은 한마디로 성취 욕구가 강한 스타일이다. 경쟁심이 강하고 마음이 조급해지는 경우가 자주 있다. "빨리빨리" 문화로 대변되는 대한민국에 많이 존재하는 성격이 바로 A형이다. A가 7개 이상 나왔을 경우 전형적인 A형 성격이라고 할 수 있다.

A형은 행동 면에서는 항상 무엇인가를 하고 있고, 말을 빨리 크게 힘주어서 하고, 시간에 쫓기고, 상대의 말을 중간에 끊는다든가 '예'나 '아니오'와 같은 강한 표현을 쓰는 등 도전적인 행동을 자주 보인다. 얼굴과 근육이 긴장되는 순간이 많은데, 예컨대 어금니를 꽉 물거나 주먹을 꽉 쥐고 있는 경향이 있다. 아울러 글씨 쓸 때 힘주어 눌러 쓰는 습관이 있을 확률도 높다. 또 A형은 완벽주의나 강박적인 성향을 보인다. 더불어 매사에 지지 않으려고 한다. 아울러 때론 적개심도 강하고 사회적으로 불안감도 크고, 남의 비평에 예민하다. 뜻한 바를 성취하지 못했을 때 쉽게 자신감을 잃거나 열

등감에 쌓이기도 한다.

　사실 이 같은 성향은 목표 의식도 강하고 일 처리도 완벽하게 하려는 특징이 있어 사회생활에서 성공하는 경우가 많다. 실제 A형 중에는 사회적 성공을 달성한 사람들이 많다. 성공이 삶의 목적이라면 오히려 필요한 타입으로도 볼 수 있다. 문제는 과도한 스트레스에 시달릴 가능성이 높다는 점이다. 지속적인 긴장 상태로 자신을 몰아가면서 스트레스 호르몬의 과도한 분비를 촉발하는 일이 잦다. 예컨대 봄에 심은 벼가 알곡을 맺기 위해선 가을까지 느긋하게 기다려야 한다. 그러나 A형은 마음이 급하다. 어차피 시간이 지나야 하는 일임에도 불구하고 긴장하고 안절부절못한다. 긴장의 끈을 놓지 못하면서 불필요한 호르몬 분비를 유발한다.

　동양의 고전 장자에는 이 같은 A형의 대표적인 인물이 등장하는 데 그는 급한 마음에 벼를 조금씩 손으로 끄집어올린다. 뿌리가 살짝 들린 벼는 더 자란 듯 보이지만 곧 죽고 만다. 이렇듯 A형은 여유 부족으로 일을 그르치는 경우도 많고, 이후 실패에 대한 스트레스로 고통받는다. 의학계에선 A형 성격 소유자들이 그렇지 않은 사람에 비해 2~7배 높은 관상동맥 질환의 위험이 있는 것으로 보고 있다. 스트레스 호르몬이 자주 증가해 심혈관계의 손상이 자주 나타난다. 흡

연이 심장병에 미치는 것과 같은 정도의 위험 요소라고 전문가들은 말한다. 잦은 긴장으로 인한 고통도 호소하는데, 근육통, 위장장애, 편두통, 오십견 등이 여기에 속한다. 당연한 결과이지만 조기 사망 위험도 크다.

미국에서 의사를 하던 시절 한창 일할 나이의 친구가 갑작스럽게 사망하는 걸 목격했다. 성공한 신경과 의사였는데, 전형적인 A형이었다. 공부도 잘했고, 완벽을 추구했다. 그러나 예민하고 완벽을 추구하는 성격 탓에 긴장에 자주 노출됐고, 몸속에 점차 병이 쌓여가면서 심혈관계 손상이 조금씩 왔다. 50대 말 한창 일할 나이에, 아들과 손자와 즐겁게 수영을 하다 심장마비로 갑자기 쓰러져 세상을 떠났다. 사람의 병을 치료하는 의사가 이렇듯 죽어가는 걸 보면서 '의사도 별거 없구나.'란 생각이 들기도 했다. 아무리 의학적 지식이 풍부해도 스스로 성격을 변화시키지 못하면 알고서도 당할 수밖에 없다.

사실 나 역시 A형 성향이다. 성취욕이 강했고 덕분에 의대에 갈 수 있었고, 의사로서도 나름 업적을 쌓을 수 있었다. 그러나 그만큼 그림자도 깊었다. 50대 중반 대덕 연구단지의 한국생명공학연구원 원장으로 재직하던 당시 갑작스럽게 뇌졸중으로 쓰러지면서 지금까지도 몸 왼편이 제대로 말을 들지 않는 불편함을 안고 살고 있다. 당시 죽음의 문턱에 섰던 경험은 이렇게 살면 안 되겠다는 뼈저린 반성을 하는 계기가 됐고, 이후 성격을 바꾸려고 노력했으며, E형으로 전환하는 동기가 됐다.

착함 콤플렉스 C형, 속으로 썩어갈 수 있다

C형은 사람 좋다는 말을 듣는 경우가 많다. 희생정신도 강하고 참을성도 있다. 본인 주장을 하기보다 상대방에 맞춰주기에 인기도 많다. 또 다른 특징은 거절을 못 한다는 점이다. 부담되는 줄 알면서도 해 주려고 하고, 승낙한 뒤 끙끙 앓는다. 일이 꼬여 도와주고도 욕먹는 경우도 많다. 그 억울함을 잘 호소하지도 못한다. 덕분에 나이스하다는 칭찬을 자주 듣는다. 칭찬은 C형을 더 C형답게 만드는 요인이 되기도 한다. 칭찬으로 보상이 되는 탓에 행위는 더 굳건해진다. 실제 C형의 경우 착한 사람 콤플렉스에 빠지기도 하는데, 속된 말로 '호구'가 된다. 이런 분들은 착한 사람으로서의 이미지를 유지해야 한다는 강박에 빠져서 본인 속이 썩어도 참고 견디는 경우가 많다. 화내고 싶어도 평판에 흠이 갈까 두려워 함부로 하지 못한다. 일이 안 좋게 흘러가면 상황을 구체적으로 파악하기보단 먼저 본인을 탓하는 경향도 강하다. 따라서 사람들이 몰아붙이면 제대로 대답을 하지 못한다. 문

제는 그러면서 소위 속병이 생긴다. 억누른 부정적 감정이 만든 과도한 스트레스 호르몬이 몸의 여러 곳을 돌아다니면서 병을 유발한다. 특히 스트레스 호르몬 가운데 C형에게는 코르티솔cortisol이 과도하게 나온다. 코르티솔은 면역 기능을 유지하는 역할을 하지만, 과도하게 분비될 경우 오히려 면역 기능을 떨어뜨려 암에 걸릴 확률을 증가시킨다. 실제 C형의 경우 다른 사람보다 암에 걸릴 확률이 4배나 높다.

따라서 C형은 암Cancer에 쉽게 걸리는 유형으로 알려졌다. 내가 아는 한 교수는 전형적인 C형인데, 친구들이 부탁하면 "NO"를 할 줄 모른다. 전부 "YES"로 대답하고 잘 웃는다. 어려운 일이 생기면 친구들은 그에게 부탁한다. 이런 경우가 빈번해지면서 부담을 가중하지만 거절하지 못하고 처리한다. 부담감에 따른 과중한 스트레스는 혼자 삭인다. '노'라고 하지 못한 것에 대해 후회도 하지만 결국 스스로 감내한다. 그러다 결국 위암과 간암에 걸려 고통스러운 시간을 보내야 했다. 억눌린 감정 등이 폭발해 문제를 만들기도 한다. 사람은 착한데 술만 마시면 돌변하는 이들이 있는데, C형일 가능성이 높다. 이외에도 인간관계에서 풀지 못한 스트레스 호르몬을 배출하기 위해, 흡연 성행위 등에 집착하는 경우도 많은데, 이 같은 집착이 또 다른 문제를 일으키기도 한다. 언뜻 사회에 잘 적응하는 것처럼 보이지만 부지불식간에 그에 따른 반작용이 폭발해 인간관계를 망가뜨릴 확률도 높다. 이 같은 일이 반복되면 자책감으로 자신을 비난하게 되고, 결과적으로 깊은 수렁에 빠지기도 한다.

본인이 C형이라고 판단된다면 암에 쉽게 걸릴 수 있다는 점을 자각하고 바꿔야 한다. 그래야 과도한 스트레스에서 벗어날 수 있다. C형도 E형으로의 변화가 필요하다. C형의 성격을 E형으로 바꾸는 방법 가운데 하나가 착함을 내재화하는 것이다. 억지로 착한 모습을 보이는 것이 아니라 봉사의 기쁨, 감사의 마음을 갖고 살아가는 것이다. 그것이 바로 나쁜 스트레스를 좋은 스트레스로 전환하는 방법이라고 할 수 있다. 사실 그 이미지를 완벽하게 내재화해서 본능적으로 실천하고 기쁨으로 받아들인다면 정말 착한 사람이다. 속으로는 이건 아닌 것 같다고 생각하면서도 겉으로는 그 감정을 표현 못 하거나 억제하면서 속과 겉에 모순이 일어날 때 문제가 된다. 이렇듯 완전한 내재화가 어렵다면 생각을 외적으로 표현할 수 있어야 한다. 불만이 있다면 이야기할 수 있어야 하고, 부담된다고 생각될 땐 '노'라고 말할 수 있어야 한다. 어느 책의 제목처럼 '미움받을 용기'가 필요하다.

적대적인 D형, 울화통이 터질 수 있다

|

내가 아는 한 분은 사실 부족한 게 없는 사람이었다. 집도 부자고 공부도 잘했다. 명석한 두뇌를 바탕으로 서울대 공대를 졸업했고, 좋은 집안 환경 덕분에 훌륭한 직장과 남이 부러워할 정도의 미인과 결혼도 했다. 그런데 월등히 좋은 환경이 그의 성격을 독선적이고 편협하게 만들었다. 내가 보기엔 전형적인 D형 스타일로 사실 걱정이 많이 됐다. 아니나 다를까 결국 나중에 소식을 들어보니 자식과 사이도 나쁜 데다가 부인과 이혼하고 사업도 실패한 뒤 당뇨와 허리디스크로 고생하면서 외로운 삶을 살고 있었다. 당연히 친구도 없다. 남을 무시하고, 툭 하면 상처 주는 말을 하는 그에게 친구가 붙어 있을 리가 없다. 그런데도 그는 모든 문제를 본인 성격이 아닌 남 탓으로 돌린다. 아내가 잘못해 이혼했고, 자식들은 배은망덕한 놈들이고, 사기꾼들 때문에 사업에 실패했고, 그 모든 문제는 대한민국이 엉망으로 돌아가기 때문이라고 쏘아붙인다.

이렇듯 D형은 냉소적이며 증오심도 강하다. 분노가 쉽게 폭발하기도 한다. 남의 탓도 자주 한다. 예컨대 내가 못사는 이유를 상대 탓, 사회 탓으로 돌린다. 내가 부족하다는 생각은 잘 못 한다. 따라서 정치적으로 극우 또는 극좌를 택하는 경우가 많다. 권력이 부정한 모습을 보일 때 가장 분노하는 이들도 D형 성격일 가능성이 높다. 그런 점에서 사회적 긍정성도 존재한다. D가 7점 이상이라면 이런 성향을 갖고 있다고 할 수 있다. 5개 이상일 경우에도 이 같은 경향으로 발전할 가능성이 있다고 할 수 있다.

분노 폭발로 자주 아드레날린 수치가 높아지는 D형 성격이 건강에 긍정적일 수 없다. 항상 스트레스 호르몬이 높게 분비된다. 심장병 환자 중 D형 성격일 경우 사망률이 4배 이상 높다는 의학계 보고도 있다. 혈압 급상승으로 뒷목 잡고 쓰러지는 경우가 많다는 뜻이다. 따라서 E형으로 바뀌는 게 중요하다. 우려스러운 것은 D형의 경우 강한 자아 탓에 건강에 대한 걱정도 별로 하지 않는다는 점이다. E형으로 바꿀 수 있다는 사실에 냉소적인 반응을 보일 가능성도 높다. '내가 D형이구나. 바꿔야겠구나.'란 생각을 하기 힘들다.

따라서 D형에게 가장 필요한 변화는 본인이 부정적인 생각과 행동을 하는 경향이 있다는 사실을 받아들이는 일이다.

주위로부터 '화를 잘 낸다.'는 말을 들으면 변화를 꾀할 수 있어야 한다. 물론 성격을 완전히 바꿀 수는 없다. 다만 통제 불가능할 정도로 화가 폭발하려는 순간 잠시 숨을 고를 수 있는 시간만 확보해도 큰 변화를 만들 수 있다.

미국에서 근무하던 시절 알고 지내던 의사 친구가 있었다. 전형적인 D형으로 서울의대를 졸업했다. 한번은 그 친구가 부탁해 내 고등학교 친구의 인맥을 통해 문제를 해결해 준 적이 있다. 사실 대학보다는 고등학교 친구들이 더 끈끈한 면이 있고, 당시 내가 졸업했던 경기고등학교 인맥이 서울대 인맥보다 문제를 풀기 쉬운 경우가 많았다. 그런데 문제를 해결해 준 나에게 친구는 고맙다는 말 대신 경기고 출신들이 학연을 통해 사회에서 특권적 지위를 누린다고 욕을 하는 게 아닌가. 그때 나는 그냥 순수한 마음에 그 친구를 도와준 것뿐이다. 물론 대한민국 사회에서 학연의 폐단이 있다는 것에 대해서 나도 충분히 공감한다. 내가 그것을 자랑하고 다니거나 적극적으로 이용해 출세하지도 않았다. 동료 의사의 상황이 너무 안타깝고, 간절하게 부탁해 D형인 줄 알면서 도와줬을 뿐이다. 칭찬이나 고마움의 표시가 돌아오길 기대하진 않았으나 의외에 반응에 적잖이 충격을 받았었다.

그에게 세상을 너무 부정적으로 보지 말고, 긍정성도 함께 균형 있게 보라고 이야기했으나 막무가내였다. 귀를 닫고 세상 모든 사람을 향해 나쁜 놈들이란 비난만을 했던 반사회적인 성격이었다. 그래도 타고난 재능이 있어 미국에서 잘 살았고, 나는 관계를 끊었다. 그런데 50대 중반 그 친구의 부고를 들어야만 했다. 지금 돌이켜 생각하면 그때 친구로서 조금 더 냉정하고 강하게 이야기를 해야 했던 것 아니었나 하는 아쉬움도 든다.

낙관적인 B형, 주변을 고통에 빠뜨릴 수 있다

B형인 의사분이 있었다. 병원을 크게 운영하다 문을 닫고 지금은 중소 병원에서 월급 받는 의사로 일하고 있다. 개원 당시 병원이 잘 운영되면서 큰돈을 벌었고, 친구들을 만나면 호탕하게 돈을 쓰는 경우가 잦았다. 당시 그의 모습은 부러움의 대상이었고 사람들은 통이 크다고 그를 칭송했다. 그러나 전형적인 B형 성격이었던 탓에 병원 관리가 철저하고 완벽하지 못했다. 처음 병원을 시작할 때는 A형 스타일이면서 정직한 분이 사무장을 맡았고, 상호 시너지를 만들면서 병원을 키울 수 있었다. 그런데 우여곡절 끝에 그와 결별하고 이후 병원을 관리하던 사무장이 몰래 공금 수십억 원을 빼돌리면서 그는 빈털터리로 병원에서 쫓겨나야 했다. A형 성격 같았으면 화병에 걸렸을 법한데, 그분은 오히려 큰 병원을 운영할 때보다 월급 의사를 하는 게 더 편하다고 무척 즐거워한다. 가족을 포함해 주변 사람이 이런저런 힐난을 하지만 본인은 크게 마음 쓰지 않는다.

B형은 낙관적 성격의 소유자이다. 매사에 서두르지 않고, 여유를 즐긴다. 스트레스 자체를 잘 받지 않는다. 주변에서 팔자가 좋다는 말을 듣기도 한다. B 점수가 7점 이상이면 전형적인 B형이라고 할 수 있다. A형과는 정반대의 성향이기에, 두 성격의 행동을 비교해보면 확연한 차이가 느껴진다. 예를 들어 휴일 낚시를 하러 갔을 때 B형 성격은 주위 환경을 감상하고, 얘기하는 걸 즐기지만 정작 고기 잡는 일에 관심은 크지 않다. 반면 A형은 주위 환경이나 친구보다 고기를 많이 잡으려고 안절부절못한다. 골프를 할 때도 A형 성격은 이기려는 생각이 강해 항상 긴장한 상태에서 운동하는 반면, B형은 승부에는 별로 집착하지 않는다.

따라서 A형의 경우 골프를 하는 동안의 긴장과 스트레스로 운동이 오히려 건강에 마이너스가 될 가능성도 있다. 실제 골프를 치다가 심장마비로 쓰러지는 일들이 꽤 있는데, 바로 이 같은 경우다. 그렇다고 승부에 집착하는 A형 성격이 꼭 경기에서 이기는 건 아니다. 경직된 상태의 A형 성격보다 즐기면서 여유롭게 플레이하는 B형이 이기는 경우도 많다. B의 점수가 7점 이상이면 이 같은 성격이라고 볼 수 있다.

그렇다고 B형이 마냥 좋지만은 않다. A형과 반대로 성취욕이 크게 부족한 탓이다. 동기부여가 잘 안 된다. 악착같이 덤벼 사회적 성공을 이루기 어렵다. 사람들과 어울리기를 좋아하며 호인 기질을 발휘해 인기가 있지만, 사람을 너무 좋아해 쉽게 사기를 당하기도 한다. 아울러 한 가지 일에 집중하는 데 어려움을 겪는다. 또 다른 문제는 주변 사람들을 힘들게 할 확률이 높다는 점이다. 태평한 성격 탓에 대충 일을 하다 직장에서 해고돼 가족이 고생한다. 인기 시트콤 순풍산부인과의 '미달이 아빠'가 전형적인 B형이다. A형은 집에서 빈둥거리는 게 답답함과 스트레스로 다가오지만, B형은 놀고먹을 수 있다는 사실에 그저 즐겁다. B형은 E형을 닮는 것에 대해 크게 관심이 없을 확률이 높다. 스트레스가 크지 않기 때문이다. 사실 굳이 E형을 닮으라는 이야기를 할 필요도 없다. 본서는 재미있게 읽으면 된다. 주변 사람의 성격을 알아갈 수 있다는 점에서 그 자체로 즐거운 시간이 될 수 있다.

E형, 나쁜 스트레스를 좋은 스트레스로

E가 7점 이상이면 E형 성격이라고 할 수 있는데, 나쁜 스트레스를 좋은 스트레스로 바꾸는 유형이다. 심리적 자극 혹은 마음가짐의 변화로 과도한 스트레스 호르몬을 정상적으로 바꾸거나 엔도르핀 등 긍정 호르몬 분비를 통해 신체적 균형을 회복하는 한편 긴장된 상황을 평온하게 정리한다. E형은 기울어진 걸 바로잡음으로써 몸과 마음의 평형을 유지한다. 만약 본인이 E형 성격이라면 이 책은 사실 큰 의미가 없을 수 있다. 책은 E형이 아닌 사람이 어떻게 E형을 닮아갈 수 있는지에 관한 것이다. 결과적으로 A형이나 C형 D형이 E형으로 바뀌어야 한다고 말하고 있다. 그런데 문제가 있다. 사실 성격은 바꾸기 어렵다. 거의 불가능에 가깝기 때문이다. 성격을 100으로 놓고 봤을 때 50%는 선천적이다. 그리고 10%는 선택 불가능한 가정환경 등 주변 환경에서 온다. 즉 성격의 60%는 나와 관계없이 만들어졌고 바꾸기도 쉽지 않다. 이걸 바꾸라고 윽박지르는 건 스트레스를 해소하는 것

이 아니라 오히려 가중시키는 일이다.

그렇다면 A형이나 D형 혹은 C형 성격은 E형이 될 수 없는 걸까. 아니다. 아직 우리에게는 나머지 40%가 있기 때문이다. 40%는 여전히 컨트롤할 수 있다. 그 가운데 20%만 바뀌어도 충분하다. 그건 분명 E형 성격은 아니지만 필요할 때 E형 스타일로 성격이 바뀔 수 있다. 우리에게 E형 성격이 필요한 순간은 과도한 스트레스의 물꼬를 바꿀 결정적인 순간이다. 그때만 E형이 바람처럼 등장해 문제를 해결하면 된다. E형 성격과 구분해 이를 E형 닮기라고 이야기할 수 있다. 이렇듯 E형 성격으로 완전히 바뀌지 않고 조금만 닮아도 삶의 변화는 가능하다. 내 성격의 20%만 바뀌어도 충분하다. 앞서 김철수 씨의 진단표에서 보면 E가 1점이다. 백분율로 따지면 6.7%다. 이게 20%가 되려면 3점이 나오면 된다. 즉 진단표에서 3점을 기록한다면 E형 닮기가 가능하다고 할 수 있다.

알파벳	A	B	C	D	E
개수	8	2	1	3	1

먼저 본인이 닮고 싶은 E형을 설문지에서 네다섯 개 꼽

아보자. 더 이상도 필요 없다. 너무 많으면 부담이 될 수 있다. 욕심 많은 A형 중에는 7~8가지를 꼽는 경우도 있다. 물론 관계는 없으나 E형 닮기가 스트레스가 되면 금방 질릴 수 있으니 조심할 필요가 있다. 김철수 씨는 설문지에 적혀 있는 E형 성향 15개 가운데 다음의 4가지를 닮고 싶은 모습으로 꼽았다.

1	중요한 시험 전 열심히 공부하지만, 당일은 모든 걸 하늘의 뜻으로 생각하고 마음을 내려놓는다.
3	경쟁을 피할 수 없다면 즐기려고 한다.
4	책임감이 부담스럽지만 가급적 즐기려고 노력한다.
8	미래에 대해 걱정이 많지만 잘 될 것으로 믿는다.

앞으로 생활하는 데 4가지를 염두에 둔다면 E형을 닮아갈 수 있다. 이 정도면 충분하다. 그런 가운데 조금씩 더 변해가면서 궁극적으로 E형 성격에 도달할 수 있다. 필자 역시 전형적인 A형이었으나 E형으로 바뀌었다. 그렇다고 A형적인 특징이 모두 사라진 건 아니다. E형적 특징이 추가되었고 필요한 순간 조급해지고 다급해지는 마음에 카운터펀치를 날려 균형점을 찾아가도록 할 뿐이다. 마음 훈련으로 10~20%

만 바뀌어도 인생이 달라짐을 몸소 경험했고 아울러 그것의 과학적 근거를 충분히 알고 있기에 자신 있게 권할 수 있다. 이것이 가능해지면 스트레스로 인한 질환도 서서히 개선해 나갈 수 있다. 우울증 약으로 살아가던 사람도 삶을 바꿀 수 있다. 다시 한번 강조하지만 나쁜 스트레스를 좋은 스트레스로 바꾸기 위해 완벽한 E형 성격이 될 필요는 없다. 내 성격에 E형 첨가물을 살짝 넣는 것만으로도 충분하다. 나 역시도 완전히 E형 성격으로 바뀌었다고 말하기는 어렵지만, E형 닮기를 통해 20% 정도는 채웠다고 생각하며 그 정도만으로 큰 변화를 만들었다. 아울러 20%를 채우는 일 역시 작은 실천을 바탕으로 가능해진다.

작은 변화로 시작할 수 있다

1968년 하버드대 허버트 벤슨 교수는 재미있는 실험을 했다. 그는 원숭이의 혈압이 상승할 때마다 백색 빛을 비추는 한편 먹이를 주지 않았고, 혈압이 떨어질 땐 청색 빛을 비춰 주면서 먹이를 주었다. 이 같은 훈련을 통해 원숭이는 본인의 혈압을 스스로 낮출 수 있게 되었다. 혈압 약을 먹지 않고도 스스로 떨어뜨릴 수 있는 것이다. 예전에 쥐를 갖고 했던 실험도 있었다. 상자에 갇힌 쥐가 있는 곳의 바닥에 전류를 흘려보내면 쥐는 과도한 스트레스 호르몬 분비가 발생한다. 긴장과 불안이 지속되기 때문이다. 설사 전류가 흐르지 않더라도 언제 전류가 흐를지 모른다는 생각에 긴장이 계속되고, 이에 따라 호르몬 수치는 지속적으로 높은 상태를 나타낸다. 그런데 특정 장치를 건드리면 전류가 차단되도록 했고, 그 사실을 인지한 쥐는 전기가 흐를 때마다 이를 건드려 끊었다. 그러자 쥐가 받는 스트레스는 급격히 줄었다. 전류가 흐르지 않아도 불안한 마음으로 지내야 했던 쥐가 무척 편안하게 생활했다. 전류가 흐르는 순간 스트레스 호르몬이 급격히 증가하기도 했지만, 장치를 건드린 뒤 원래의 편안한 상태로 돌아간다는 점을 깨달았기 때문이다.

인간도 이렇듯 마음속에 하나의 버튼을 마련할 수 있다. 불필요한 불안과 긴장으로 필요하지 않은 아드레날린이 분비될 때 그것을 잠글 수 있다. 방법은 다양하다. 종교적 믿음으로 벗어날 수도 있고, 짧은 명상을 활용할 수도 있다. 제4장과 5장에는 E형으로 가는 데 필요한 다양한 방법들이 소개되어 있는데 그중 본인에게 맞는 한두 가지만 실천하면 충분하다. 인간은 적응의 동물이다. 생존을 위해 상황에 맞게 적응하는 능력이 있다. 성격을 바꿀 수는 없지만, 적응은 가능하다. E형은 과도한 스트레스가 존재하는 현대 사회에 적응하는 과정에서 만들어지고 있는 성격 유형이라고도 할 수 있다. 따라서 스트레스를 없애기 힘든 현대 사회에서 우리가 적응해 만들어 가야 할 성격 유형이 바로 E형이다. 차이는 수도꼭지 하나가 있느냐 없느냐가 될 수 있다. 그저 수도꼭지만 돌리면 된다. 물이 뜨거우면 차가운 물의 수도꼭지를 돌리면 되고, 너무 차가우면 따뜻한 물의 수도꼭지를 틀어 더 첨가하면 된다. 물은 이미 우리 몸속에 내장되어 있다.

E형으로의 변화는 이걸 하자는 것이다. 너무 뜨거운 순간

수도꼭지를 틀거나 잠가 온도를 적당히 맞춘다. 그 순간 우리 몸에 화상을 입혔던 뜨거운 물은 목욕으로 몸을 깨끗하게 씻도록 해 주는 따뜻한 물로 바뀐다. 뜨거운 물이었던 나쁜 스트레스가 따뜻한 물이라는 좋은 스트레스로 바뀌는 과정이 이와 같다.

성공하고 싶다면 E형처럼 행동하라

사실 A형, C형, D형 모두 장점이 있다. A형은 강한 성취
욕으로 많은 걸 이룰 수 있고, C형은 타고난 절제력으로 사
람들을 잘 아우를 수 있으며, D형은 성격은 괴팍해도 탁월한
능력을 갖추고 있는 경우가 많다. 만일 E형으로의 전환이 가
능하다면 건강을 얻을 뿐만 아니라 고유의 탁월한 능력이 한
층 더 돋보일 수 있다. 각각의 성격이 만들어내는 결점에 대
해 E형의 성격적 요소가 균형을 맞춰주기 때문이다.

전형적인 A형인 동료 의사는 완벽주의자이다. 작은 실수
도 용납하지 않는다. 완벽하다 보니 환자도 잘 본다. 환자들
에게도 잘하고 실수 없이 일한다. 지식도 많다. 나도 많은 도
움을 받은 적이 있다. 간호사들도 좋아하고 환자들도 좋아한
다. 완벽주의적인 성격 탓에 실력도 인정받고 평판도 좋으
나 개업을 해 큰돈을 벌지 못하고 늘 월급쟁이 의사로 살아
간다. 남들이 볼 땐 완벽하고 유능한 의사이지만 항상 긴장
하고 있는 탓에 통풍에 시달리고 고혈압으로 고생하고 있다.

만약 본인 스스로 개업을 하게 되면 지금보다 더 긴장해서 환자를 돌보는 한편, 이것저것 신경 써야 할 것도 늘고, 혹시라도 병원 운영이 안 되면 그 불안감을 이길 수 없을 것 같아서 개업을 못 한다고 한다. 개업이 주는 스트레스가 본인에게 과도함으로 다가올 가능성이 높다는 걸 인지하기에 월급쟁이 의사에 애써 만족하면서 살고 있다. 만일 과도한 스트레스를 잘 해소할 수 있는 E형 성격으로 바뀐다면 개업을 해 더 성공적인 삶을 살 수도 있겠다 싶은 생각이 들었다.

이렇듯 스트레스에 대한 두려움으로 능력보다 낮은 단계에 머무르는 경우가 많다. 그 삶이 만족스럽다면 큰 상관은 없다. 그러나 아쉬움이 크다면 E형 닮기를 통해 삶을 한 단계 발전시킬 수 있는 발판을 마련할 수 있다. 그런 점에서 이 책이 말하고 있는 E형 인간은 몸에서 무작정 엔도르핀을 뽑아내자고 주장하는 것이 아니다. 몸이 가진 균형을 만들어 자연적인 힘을 잘 활용하자는 이야기다. 나의 성격을 살짝 바꿈으로써 마음으로 컨트롤할 수 있도록 하는 것이다. 일이 발생했을 때, 예컨대 실수했거나 사업이 망했을 때, 대부분 '큰일 났네' 하고 불안해한다. 그 상황에서 점점 부정적으로 생각하게 되면 스트레스 강도가 높아지고 지속적으로 나쁜 호르몬이 분비된다. 그런데 일부는 스트레스를 받는 순간 호르몬이 분출되지만 잠시 후 분비량이 툭 떨어진다. '내가 망했지만, 이것을 계기로 다음에 더 잘할 수 있을 거야. 고마운 일이야. 실수가 고마워'라고 생각한 뒤 금방 털어버리고 '다음에 더 잘하자'라고 생각한다. '아이코. 큰일 났네'라고 긴장하지만, 곧 동기부여를 한 뒤 마음을 돌린다. 이 같은 사람이 바로 E형 인간이다. 한마디로 정의해 나쁜 스트레스를 좋은 스트레스로 바꾸는 능력이 있다. 권투로 치면 카운터펀치를 날릴 수 있는 셈이다.

마음은 극단을 달린다. 기분이 좋다가도 우울해진다. 하루에도 몇 번씩 롤러코스터를 타기도 한다. 이런 마음에 평정심이 필요하다고 현자들은 이야기한다. 기쁜 일이 있어도 너무 기뻐하지 말고, 슬픈 일이 있어도 너무 슬퍼하지 않는 마음의 중심을 잡아야 한다고 말하는 이들도 있다. 이런 마음 상태를 유지할 수 있다면 얼마나 좋을까. 그러나 너무 높은 경지가 아닐 수 없다. 아울러 내가 발견한 E형 인간 역시 이 같은 높은 경지의 득도자를 말하지도 않는다.

삶에도 더욱더 중요한 일은 언제나 평정심을 유지하는 게 아닌 너무 극단으로 흐르지 않게 하는 것이다. 평행봉을 걸어갈 때 조금씩 흔들리더라도 중심을 잡아가면서 걸어가면 된다. 그런 점에서 한쪽으로 치우쳐 쓰러져 넘어지지 않도록 하는 게 더 중요하다. 마음도 마찬가지다. 밥은 많이 먹으면 배가 불러서 대개 수저를 스스로 놓게 된다. 그러나 마음의 인식은 반대로 흐르는 때도 있다. 걱정하다 보면 그 걱정이 꼬리를 물어 더 큰 걱정이 된다. 자식이 연락도 안 되는 상황에서 집에 안 들어오면 온갖 상상을 하게 된다. 대개 큰일이 아닌 경우가 많지만 만일의 경우가 머릿속에서 온갖 나쁜 상상을 하도록 만든다. 따라서 마음속에 안전밸브를 만들어 줄 필요가 있다. 이 같은 안전밸브를 가진 사람이 바로 E형 인간이다.

마지막으로 한 가지 덧붙이자면 변화의 순간은 짧다는 사실이다. 권투를 본 분은 알겠지만, 카운터펀치를 날리는 시간은 길지 않다. 순간적으로 이뤄진다. 그러나 그것이 게임의 결정적인 역할을 한다. E형 인간은 이렇듯 무척 짧지만, 삶에서 중요한 카운터펀치를 날리는 시간을 포착하는 사람들이다. 그리고 그 짧은 시간이 길고 긴 인생의 큰 변화를 가져온다.

제3장

—

호르몬이 흐른다

스트레스 호르몬은 어떻게 우리를 돕는가

의학적 관점에서 보면 스트레스 상황은 신경계통의 긴장감 등이 증가하는 동시에 생리적으로 스트레스 호르몬이 분비되는 상황이라고 앞서 설명한 바 있다. 그 호르몬에 의해 근육이 긴장되고 맥박이 빨라지는 등 몸에 변화가 발생하면서 소위 스트레스를 받는 상황이 된다. 그렇다면 어떤 호르몬이 무슨 역할을 할까. 대표적인 스트레스 호르몬은 우리가 많이 들어본 아드레날린이다. 아드레날린은 부신수질에서 분비되는 호르몬으로 에피네프린epinephrine이라고도 한다. 가끔 기적 같은 일이 벌어진다. 예컨대 쫓아오는 야생 동물을 피하려고 높은 절벽에서 뛰어내렸는데 찰과상 정도만 입거나, 높은 곳에서 떨어지는 아이를 어머니가 받아 살렸다는 뉴스 등을 듣곤 한다. 친구 한 명은 학창 시절 무임으로 기차를 탔다가 표 검사가 시작되는 걸 보고 당황해 기차에서 뛰어내렸는데, 아무런 상처를 입지 않는 기적을 경험했다고 한다. 모두 아드레날린 덕분이다.

이렇듯 순간적으로 엄청난 힘을 폭발시킬 수 있는 이유는 강성 작용을 하는 아드레날린이 분비되기 때문이다. 아드레날린은 위험하거나 공포감이 몰려오는 상황에서 조건반사적으로 분출된다. 즉 위험 신호를 감지해 순식간에 방어 태세를 취하는 것이다. 이 같은 에너지는 긴장되고 결정적인 순간 큰 역할을 한다. 예컨대 프로야구에서 기회에 강한 선수가 있다. 평소엔 별 실력이 없지만, 기회 때 대타로 나와 큰 거 한 방 날리는 것이다. 그 순간은 긴장이 극도로 고조된 시간이다. 안타를 치면 팀이 역전에 성공하고, 아웃되면 패한다. 이 순간 안타를 칠 확률이 높기에 대타로 나서는데, 이런 선수의 경우 순간적으로 아드레날린 분비가 급증해 엄청난 힘을 발휘할 확률이 높다. 평소엔 아드레날린 분비가 적어 무력하지만, 긴장이 고조된 순간 폭발적인 힘을 발휘한다. 아울러 아드레날린은 혈당을 올리고, 심장 출력을 늘리는 기능이 있어서 구급 의료에도 활용된다.

그런데 아드레날린은 맹독성이 있어 지속적으로 분비되면 신체에 해로울 수밖에 없다. 따라서 자주 분비되면 신체 각 부위가 맹독에 노출된다. 나아가 심혈관 계통이 수축되고, 흥분과 긴장에 따른 고혈압 등 각종 질병이 뒤따른다. 자연이 신비로운 까닭은 이 같은 문제 때문에 원천적으로 아드레날린은 지속성이 없다는 점이다. 앞서 설명한 프로야구의 대타처럼 필요한 순간 폭발적으로 생겼다 사라진다. 그걸 바탕으로 몸은 자연스럽게 균형을 유지한다. 그런데 현대 사회에서 아드레날린이 문제가 된 까닭은 과거보다 스트레스 호르몬이 분비되는 상황에 자주 빠져들기 때문이다. 이것이 곧 우리가 말하는 과도한 스트레스 상황이다.

한 가지 짚어봐야 할 문제는 아드레날린이 부족해도 문제란 사실이다. 예컨대 앞서 예로 들었던 프로야구 선수의 경우 긴장된 상황에서 아드레날린이 분비되지 않으면 상대편 구원투수에게 삼진 아웃을 당한다. 이 같은 상황이 반복되면 무슨 일이 벌어질까. 삶이 우울해지지 않을까. 나는 해도 안 된다는 절망에도 빠진다. 그리고 불안해진다. 자신감을 상실하기 때문이다. 더불어 만성피로증후군에 시달리게 된다. 결과적으로 필요할 때 분비되고, 그렇지 않으면 분비되지 않음으로써 원래 인체가 적응하도록 만들어진 균형 상태를 잘 유지하는 게 관건이라고 할 수 있다.

코르티솔Cortisol과 사이토카인Cytokine

독자들에게는 생소할 수도 있지만, 코르티솔이라는 스트레스 호르몬도 있다. 왕래가 뜸한 시골길에서 어두운 밤 깡패와 마주쳤다고 해 보자. 이렇듯 당황스러운 상황이 닥치면 바짝 긴장하게 된다. 그런데 옛 속담에 호랑이에게 잡혀도 정신만 차리면 살 수 있다는 말이 있는데, 그 순간 코르티솔이 분비돼 상황 판단을 잘할 수 있도록 정신을 또렷하게 해 주기 때문이다. 이 같은 당황스러운 순간 뭘 어떻게 해야 할지 어쩔 줄 몰라 하는 사람이 있다. 코르티솔 분비가 적절하지 않기 때문이다. 코르티솔은 에너지원인 포도당이 뇌로 전달될 수 있도록 해 준다. 이걸 바탕으로 긴장된 상황에서 정확한 판단을 할 수 있도록 만드는 것이다. 신속한 상황 판단을 위해 정신을 또렷하게 하며 감각 기관이 예민해지도록 만든다.

코르티솔이 너무 적게 분비될 경우 우선 중요한 순간 합리적이고 정확한 판단을 하지 못한다. 잘못된 판단으로 일을 그르친 뒤 후회하게 되고 인생에 대한 자신감이 줄어들 수밖에 없다. 아울러 혈액을 돌게 하고, 당을 생성해 에너지를 만들어 주는 코르티솔이 적으면 피 순환이 더뎌 에너지가 만들어지지 않으면서 쉽게 지치고 만성피로에 빠지기 쉽다. 알레르기, 천식도 쉽게 발생한다. 아울러 아드레날린과 마찬가지로 너무 많아도 문제가 발생한다. 너무 많이 분비될 경우 불안하고 초조한 상태가 계속되면서 고혈압, 만성 피로, 만성두통, 불면증, 우울증 등의 증상을 보일 수 있다. 또한 면역기능이 약화되어 감기와 같은 바이러스성 질환에 쉽게 노출될 우려도 있다.

복잡한 현대 사회를 살다 보면 머리 복잡한 문제에 자주 부딪히게 되고, 그 순간 코르티솔 분비를 증가한다. 그런데 막상 닥친 문제가 미로처럼 얽혀 있어 좀처럼 해결책을 찾지 못하면 머리만 지끈거리고 잠이 오지 않는 코르티솔 과다 분비에 따른 문제가 발생한다. 고민한다고 해결될 가능성이 없는 문제는 툭 털고 나올 필요가 있다. 그래야 코르티솔의 분비가 정상을 찾아간다. 이 같은 균형을 잘 찾아가는 게 곧 E형 성격의 특징이다.

사이토카인은 신체 면역 체계를 통제하고 자극하는 신호

물질로 이용되는 당단백질이며, 펩타이드 중 하나이다. 사이토카인은 면역 체계의 중심 역할을 한다. 사실 필자의 전공이 면역학인데, 사이토카인에 대한 연구를 많이 했다. 사이토카인은 많은 종류의 세포에서 방출되며 선천성 면역 반응 및 적응 면역 반응을 유도한다. 사이토카인은 면역, 조혈 기능, 조직 회복, 세포의 발전 및 성장에 중요한 기능을 하며, 항원에 대해 항체의 생성을 유도하고 외부 침입에 대한 신체의 방어 체계를 통제하고 자극한다. 즉 항원 분자에 대해 중성화 작용을 하고 이에 대항하는 면역 인자를 생성한다. 이렇게 만들어진 면역 체계는 외부 항원을 기억하고 있게 되는데, 향후 같은 항원이 침입하면 더 빠르게 반응할 수 있게 된다.

따라서 사이토카인이 적절히 분비됨으로써 우리는 신체 기능의 균형을 무너뜨리려는 바이러스 등에 대응할 수 있다. 즉 외부 바이러스가 침입하면 백혈구가 이에 대항해서 싸우고, 이를 인식한 신체는 사이토카인을 배출해 백혈구가 더 효과적으로 바이러스를 퇴치할 수 있도록 해 준다.

사이토카인 역시 과다하게 분비되거나 적을 때 문제가 된다. 당연히 분비가 적으면 몸의 면역력이 저하된다. 과다 분비될 경우 외부에서 침투한 바이러스에 대항한 면역 작용이 과다하게 이뤄지면서 정상 세포까지 공격해 여러 질병을 일으키게 된다. 이를 사이토카인 폭풍이라고 하는데, 실제 면역력이 강한 젊은 층 코로나 환자 가운데 갑작스럽게 상태가 악화되는 이들 가운데 이 같은 경우가 벌어지곤 한다.

성격 유형과 스트레스 호르몬

성격 유형에 따라 분비되는 호르몬의 종류가 다르다.

A형의 경우 스트레스 자극이 주어지면 아드레날린의 분비가 코르티솔보다 높다. 아드레날린은 혈당 상승, 심장 출력을 증가시킨다. 사실 아드레날린이 분비됨으로써 스트레스 자극에 대해 더욱 강력한 반응이 일어난다. 따라서 남들보다 문제를 잘 해결하는 힘이 아드레날린의 분비로부터 촉진된다. 그러나 앞선 본 것처럼 아드레날린은 맹독성이 있다. 따라서 자주 분비되면 신체의 각 부위가 맹독에 노출된다. 나아가 심혈관계가 수축이 되고, 흥분과 긴장에 따를 각종 질병이 뒤따른다. 특히 수치가 높은 A형의 경우 각종 병에 걸릴 확률이 높다. A형 성격은 고혈압, 심장병 등에 잘 걸릴 위험 역시 높다고 할 수 있다.

반면 C형의 경우 코르티솔 분비가 과다하게 이뤄진다. 실제 코르티솔은 명확한 판단을 하는 데 도움을 준다. 그러나 과도하게 분비되면 오히려 선택 장애를 일으키는 것과 같은 효과를 몰고 올 수 있다. 너무 많이 분비돼 오히려 명석한 판단을 하지 못하는 것이다. 장고 끝에 악수를 두는 까닭 역시 코르티솔 과다 분비의 부작용이라고 할 수 있다. 과도한 코르티솔의 분비로 생각이 많아지고 너무 많은 고려를 해 오히려 문제 해결을 어렵게 만든다. 복잡할수록 단순하게 생각함으로써 코르티솔 분비를 조절할 필요가 있다. 아울러 많은 생각은 감정 표출을 어렵게 만든다. 생각만 많아지고 머리가 복잡해지면서 마음에 있는 말을 쉽게 꺼내지 못한다. 응어리로 남은 말들이 몸을 짓누르는 경우가 자주 발생한다.

B형의 경우 스트레스 상황이 오더라도 스트레스 호르몬과 긍정 호르몬 모두 정상적으로 작동한다. 스트레스 상황이 특별한 변화를 만들지 않는 셈이다. 과도한 스트레스를 받지 않는 장점이 분명 있다. 그러나 폭발적인 힘을 발휘해야 할 순간 아드레날린 분비가 부족해 일을 제대로 성공시키지 못할 확률이 높다. 아울러 코르티솔이 분비돼 냉정한 판단을 해야 할 순간 실수할 가능성이 높다. 물론 이 같은 호르몬 분비의 부족으로 폭발적인 힘을 발휘하지 못하고, 냉정한 판단을 하지 못해 일이 뜻대로 안 되더라도 크게 실망하거나 좌절하지는 않는다.

D형의 경우 스트레스 상황에서 아드레날린과 코르티솔 모두 과다 분비된다. 몸에 극히 힘든 상황을 몰고 오는 것이다. 분노를 폭발하는 과정에서 아드레날린이 분출되고, 상대를 논리적으로 공격하는 과정에서 코르티솔이 과다하게 배출된다. 당연히 몸에 큰 무리가 따르게 된다. D형 성격은 이에 따른 여파로 관상동맥 심장병, 당뇨병, 우울병 등에 쉽게 노출될 수 있다.

E형의 경우 스트레스 상황에서 아드레날린과 코르티솔이 평소보다 많이 분비되지만 이에 대한 카운터펀치를 날리면서 스트레스 호르몬은 정상으로 돌아가고, 대신 긍정 호르몬의 분비가 증가한다. 이것이 바로 디스트레스distres가 유스트레스eustress로, 즉 나쁜 스트레스를 좋은 스트레스로 전환하는 과정이다. 적당한 수준에서 호르몬 분비를 조정할 수 있는 셈이다. 결과적으로 E형 닮기 혹은 E형으로의 전환은 아드레날린과 코르티솔이 다른 사람들보다 더 자주 분비되는 A형, C형, D형의 사람들이 균형을 맞춰가는 과정으로 이해할 수 있다.

긍정 호르몬의 오해와 진실

스트레스 호르몬과 반대로 긍정 호르몬은 많이 분비되면 좋다고 생각하는 경향이 있다. 스트레스 호르몬은 적게, 긍정 호르몬은 많이. 이것이 언뜻 정답 같은 생각이 든다. 그러나 도파민, 엔도르핀으로 대변되는 긍정 호르몬 역시 스트레스 호르몬과 마찬가지로 균형점을 형성해야 한다. 적어도 문제지만 과잉도 문제다.

도파민은 신경 말단에서 분비된다. 뇌에서 만들어지는 신경호르몬 절반 정도가 도파민과 관련될 정도로 매우 중요하다. 뇌신경 세포에 행복감, 만족감 등의 쾌감을 전달한다. 술, 담배, 마약, 본드 심지어 초콜릿 등이 기분을 좋게 하는 이유 역시 신경세포의 도파민 분비와 연관되어 있기 때문이다. 도파민이 전혀 분비되지 않는다면 인간에게 애정이란 감정이 생기지 않는다. 이런 점에서 도파민은 '사랑의 호르몬'이라고 불리기도 한다. 그러나 다른 면에서 보면 도파민은 일종의 각성제다. 적당히 분비될 경우 사랑의 묘약이 되지만 스트레스 호르몬과 마찬가지로 지나치거나 부족할 경우 문제가 발생한다.

우선 과다하게 분비될 경우 너무 활동적이거나 모험적인 성향을 보이게 된다. 또한 늘 흥분하고 들떠 있는 상태에 빠진다. 아울러 중독성도 강하다. 쾌감을 느끼는 중추 신경의 조직들이 비대해져 더 많은 자극을 요구하는 탓이다. 담배, 술, 마약 등을 끊기 어려운 게 바로 이 때문이다. 심한 경우 조현병과 조울증을 일으키기도 한다.

부족할 경우 반대로 우울감이 증가한다. 행복감을 느끼지 못하면 당연히 우울감이 늘어날 수밖에 없다. 스트레스가 많아 우울해지는 것이 아니라 그 상황에서 도파민의 분비가 잘되지 않아 우울해지는 것이다. 또한 도파민이 운동 신경을 자극하는 역할을 하는데 부족하면 떨림, 경직, 자세 불안정 등의 증상을 나타내는 파킨슨병이 생길 수 있다. 인지 기능 장애, 수면 장애, 통증, 피로, 후각 장애 등이 나타나기도 한다.

도파민이 사랑을 느끼게 해 주는 묘약이라면 엔도르핀은 고통을 감소시키는 일을 한다. 엔도르핀의 효과가 얼마나 큰지 알 수 있는 게 바로 산모의 출산이다. 사실 여성들이 겪는 가장 큰 고통이 출산이다. 그런데 그 순간 엔도르핀이 감각신경에 영향을 줘 고통이 척수로 전달되는 걸 막아 통증을 경감시킨다. 여기서 끝이 아니다. 아이가 무사히 나온 광경을 보게 된 산모가 활짝 미소를 짓게 되는 것도 엔도르핀이 활발히 분비되어 그 순간 고통 대신 행복감을 느끼게 해 주기 때문이다.

뒤에서 좀 더 자세히 보겠으나 이렇듯 엔도르핀의 작용도 신체의 균형을 위한 것이다. 예컨대 바이러스가 침입하면 발열과 통증이 발생한다. 열이 나고 통증이 생기면 그것을 경감시키기 위해 엔도르핀이 분비된다. 감기몸살 때문에 한숨 자고 나면 몸에서 묘한 행복감을 느끼게 되는 경우가 있다. 감기 바이러스를 퇴치하는 과정에서 생긴 고통을 줄이기 위해 엔도르핀이 생성되었기 때문이다. 이런 점에서 엔도르핀은 스트레스 호르몬 분비에 따른 통증, 불안 등을 경감시켜 즐거움과 진통 효과를 준다.

러너스 하이runners' high라는 게 있다. 미국의 심리학자인 A.J. 멘델이 1979년 발표한 논문에서 처음 사용한 용어로서, 운동할 때 나타나는 신체적인 스트레스로 인해 발생하는 행복감을 말한다. 이때의 느낌은 마약과 같은 약물을 투여했을 때 나타나는 느낌 또는 그 상태와 유사한 것으로 알려져 있다.

예컨대 긴 거리를 뛰는 마라토너에게는 엄청난 통증이 찾아오고, 그 고통을 없애기 위해 몸에서 엔도르핀이 분비된다. 덕분에 42.195km를 달릴 수 있고, 결승점에 이르러서는 무엇과도 비교할 수 없는 상쾌함을 맛보게 된다. 러너스 하이는 마라톤뿐만 아니라 스키, 서핑, 레슬링, 축구 등을 즐기는 사람들에게도 나타난다. 높은 산을 오른다든지 스카이다이빙과 같은 과도한 스트레스가 있을 때, 이에 따른 지나친 호르몬 분비의 고통을 감소하기 위해 엔도르핀이 나오기 때문에 고통을 덜 느끼게 되고 나아가 무엇과도 비교할 수 없는 상쾌함을 느끼게 된다. 번지 점프나 놀이공원의 바이킹을 타는 것도 이렇듯 스트레스 상황에서 분비되는 엔도르핀 때문이다.

그러나 엔도르핀 역시 과도하면 문제가 된다. 엔도르핀이 너무 많이 나올 경우 면역 기능을 담당하는 임파구의 기능이 떨어지게 되고, 이에 따라 감염이나 암 발생이 증가할 수 있다. 중독에 빠질 수도 있고, 자폐증 발생 가능성도 있다. 부족한 경우도 마찬가지다. 통증이 심한데 엔도르핀이 분비가 안 되면, 만성 통증에 시달릴 수밖에 없다. 고통이 지속되는 삶은 당연히 무력감과 좌절감을 몰고 오게 된다.

호르몬의 카운터펀치

지금까지 했던 이야기를 통해 문제는 균형이라는 사실을 알게 된다. 스트레스 호르몬이나 긍정 호르몬 모두 적절하게 신체적 균형을 유지하는 상태가 되어야 한다. 균형 상태에서 스트레스 호르몬은 좋은(EU) 스트레스 호르몬이 된다. 여기서 균형은 우선 일정한 비율로 유지되는 경우가 있다. 그런데 사실 언제나 늘 균형 상태를 유지하는 건 어렵다.

특히 현대 사회는 더욱더 그렇다. 내키지 않는 상사의 목소리를 들을 때마다 몸에서 아드레날린과 코르티솔이 분비돼 몸을 긴장시키고 신경을 예민하게 만든다. 꼴 보기 싫은 거래처 사람의 전화를 받으면 울화가 치밀지만, 을의 처지에서 모든 걸 속으로 삭여야 한다. 카톡에 올라온 대학교 친구의 출세 소식에 왠지 모를 절망감과 질투심이 끓어오른다. 집값 폭등 소식은 가뜩이나 우울한 현실에서 무주택자에게 더 큰 스트레스를 제공한다.

그런 상황에서도 자연은 균형을 맞춘다. 극도로 스트레

스를 받는 상황에 있다면 몸은 은밀하게 무척 즐거운 상황을 만들 준비를 하고 있다. 평균대 위에서 몸이 왼쪽으로 쓰러지려고 하는 순간 우리의 몸은 오른쪽으로 움직여 균형을 맞출 준비를 한다. 밤이 있으면 낮이 있고 겨울이 있으면 여름이 있는 것과 마찬가지다. 이를 잘 찾아갈 필요가 있다. 이같은 순리를 타고 넘듯이 따라가는 게 곧 E형 닮기이자 E형으로의 성격 전환이다.

견디기 힘든 스트레스로 시달리는 날들이 분명 존재한다. 사랑하는 누군가 죽었을 때 무엇과도 비교할 수 없는 슬픔에 잠기게 된다는 걸 손자를 잃고 비로소 알게 됐다. 그래서 텔레비전 뉴스에 가끔 등장하는 안타까운 죽음에 동병상련의 아픔을 느낀다. 얼마 전 바다로 실습을 나갔다 사고로 익사한 고3 아들을 둔 부모의 절규하는 모습을 보며 그들의 괴로운 심정이 내 마음에도 전해지며 가슴이 미어졌다. 그 아픔에 동병상련을 느끼면서도 동시에 슬픔의 시간만큼 아름다움을 생각할 수 있는 시간이 다가오고 있음을 이야기하고 싶다. 그 같은 풍경을 이해하고 받아들일 필요가 있다.

마음이 호르몬을 움직인다

캘리포니아대학의 존 레번 박사 팀은 치과 환자들에게 진통제를 먹인 경우나 밀가루로 만든 가짜 약을 먹인 경우나 모두 마찬가지로 치과 치료 중에 통증을 느끼지 않았음을 밝혀냈다. 밀가루로 만든 가짜 약도 진짜 진통제로 믿고 먹으면 뇌에서 진짜 약으로 받아들여 통증을 느끼지 않게 된다. 바로 플라시보 즉, 위약효과(偽藥, placebo effect)이다.

치과를 가 본 분들은 알겠지만, 치료 과정이 무척 고통스러운 경우가 많다. 그 고통스러운 치료를 마취제 없이 받을 수 있는 이유는 뭐였을까. 바로 뇌에서 이제부터 고통을 느끼지 않게 될 거라고 생각하기 시작할 때, 그 순간 엔도르핀이 나와 통증을 느끼지 않도록 해 주기 때문이다.

이는 곧 고통의 상황에서 '아프지 않다', '괴롭지 않다', '할 수 있다'는 긍정적인 사고가 호르몬 시스템을 보다 효율적으로 작동 시켜 우리 몸의 균형을 유지할 수 있도록 해 주는 한편 이를 바탕으로 각종 질병으로부터 방어할 수 있게 해 준다는 것이다.

따라서 플라시보 효과는 속임수가 아닌 인체가 균형점을 찾아가기 위한 행위를 촉진하는 방식이라고 할 수 있다. 이는 곧 위약이 없더라도 나는 고통을 이겨낼 수 있다고 생각하면 뇌와 몸이 그 같은 균형점을 향해 움직이기 시작한다는 걸 뜻하기도 한다.

같은 고통스러운 상황에서도 오히려 이를 즐기는 사람이 생기는 이유가 여기에 있다. 예컨대 장시간 운전을 하는 경우 급성 스트레스로 고생하는 사람도 있는 반면, 아주 즐겁게 10시간 넘게 드라이브를 즐기는 사람도 있다. 같은 스트레스 상황에 놓여도 누구는 아무렇지 않게 받아들이는 반면, 어떤 사람은 극도로 예민해진다. 성격에 따라 스트레스를 받아들이는 방식이 다른 탓이다.

이는 곧 성격에 변화를 가져오면 스트레스를 받아들이는 방식이 달라진다는 말도 된다. 몸의 호르몬 분비가 달라진다. 스트레스 호르몬이 균형점을 넘어서지 않도록 제어되는 반면, 몸의 과도한 스트레스 반응을 균형점으로 돌리기 위해 엔도르핀 등 긍정 호르몬이 분비된다. 이를 바탕으로 몸을 균형감 있게 유지할 수 있는 것이다.

인간의 성격은 복합적이다. 다양한 면이 공존한다. A형이면서도 C형의 요소를 갖고 있을 수 있다. E형으로의 변화는 각각의 성격에 E형의 성격적 특징을 덧붙이는 것이다. 즉 전체 성격의 20%만 E형이 되면 충분하다. 이는 곧 누구나 완벽한 E형이 되어야 나쁜 스트레스를 좋은 스트레스로 바꿀 수 있다는 말은 아니다. A형 성격이면서도 E형적 요소를 키우면 된다. 이게 곧 E형 닮기다.

E형 운동은 이 같은 일을 하자는 것이다. 적은 노력과 변화만으로 충분하다. 흰쌀에 검은콩 한 줌 넣으면 새로운 풍미의 밥이 된다. 타고난 성격을 바꿀 수 없지만 약간의 첨가물을 투입함으로써 전체적으로 전혀 다른 색깔의 사람이 된다. 그런 점에서 20%의 변화는 복잡한 신호등을 설치하는 일이 될 수도 있다. 신호등 하나만으로도 몸속 호르몬이 엉망으로 엉켜 사고가 나는 걸 예방하고, 호르몬이 몸과 충돌해 신체에 상해를 입히는 일을 막을 수 있다.

다음 장에서는 이렇듯 E형 닮기를 할 수 있는 작은 실천에 대해 다룬다. 작은 실천으로 긍정적 변화를 경험한다면 시간이 흐른 뒤 몰라보게 변한, 티끌 모아 태산을 만든 자신을 발견할 수 있을 것이다.

제4장

|

E형으로 가는 주문 한마디

EU

E형 성격으로 가는 파란 버튼

E형 성격은 과도한 스트레스가 만들어지는 순간 마음을 툭 건드림으로써 정상적인 궤도로 다시 돌아가도록 해 주는 성격이고, 이를 바탕으로 몸의 균형감을 잃지 않는다. E형 성격이 필요하더라도 그곳에 도달하는 과정이 마치 산에서 오랫동안 수도를 닦아야 하는 일이라면 권하기 어렵다.

그러나 그렇지 않다. 일상에서 잠시 다른 시선으로 세상을 바라보는 간단함만으로도 충분히 가능하다. 설사 내 성격이 당장 바뀌지 않아도 관계없다. 필요한 순간 E형 스타일을 흉내 내는 것만으로도 충분하다. 그 과정에서 E형 성격으로의 전환이 가져오는 상쾌함을 느낀다면 어느 순간 몰라보게 변한 자신을 발견하게 된다.

그 닦기의 방법도 특별히 이것저것 어려운 방법을 택할 필요도 없다. 일상에서 가장 좋아하는 방식으로 할 필요가 있다. 이번 장에는 우리가 활용 가능한 간단한 주문에 관해 이야기하고자 한다. 내가 직접 경험했거나 주변 사람들에게 관찰한 방식이다. 아울러 무작정 책에 나온 방법을 따를 필요는 없다. 본인에게 더 어울리는 방법이 있다면 그걸 따라서 하면 된다. 그럼에도 불구하고 책의 내용은 나만의 방법을 찾는 데 분명 도움이 될 수 있다.

앞서 쥐에 대한 실험을 소개한 적이 있다. 언제 전류가 바닥으로 흐를지 몰라 늘 긴장하고 살던 쥐가 특정 버튼을 누르면 전류가 끊긴다는 사실을 깨닫고 이후 스트레스가 줄었다는 내용이었다. 한마디 주문은 이 같은 마음의 버튼이다. 작지만 호르몬의 흐름을 바꾸는 강력한 역할을 한다.

우리 삶에서도 주문을 외워 문제를 해결하는 경우가 많다. 요즘처럼 응급실이 많지 않던 시절엔, 한밤중에 아이가 아프기라도 하면 어머니는 아파 우는 아이를 안고 손으로 등을 쓸며 주문처럼 "엄마 손이 약손"을 반복하면서 날이 샐 때까지 함께 아파했다. 그러면 신기하게도 아이는 점점 아픈 것이 잦아들고 편한 잠에 빠져들곤 했다. 엄마의 주문과 손의 따스함이 필요한 호르몬 분비와 심리적 안정을 증가시켜 몸의 균형을 잡아주었다고 볼 수 있다.

중국어를 잘하기 위해선 중국어를 열심히 배우고 연습해야 한다. 골프를 배우는 것도 마찬가지다. E형 성격도 다를 바 없다. 어쩌면 당연한 이야기다. 그 당연한 이야기를 강조하는 이유는 E형에 관한 책을 한 권 읽었다고 당장 E형 성격을 배울 수 있는 게 아니라는 점을 말하고 싶어서다. 조금씩 배우고 또 익혀야 한다.

그렇다고 머리를 싸매고 스트레스를 받을 필요는 없다. 내 성격의 20% 정도만 E형으로 채우면 된다. 아울러 처음 출발할 땐 살짝 물꼬의 방향을 바꾸는 마음으로 방향 전환만 하면 된다. 하루 24시간 E형처럼 살 필요도 없고, 스트레스가 과도한 상황에서 언제나 E형처럼 행동할 필요도 없다. 열 번 가운데 두세 번만 E형의 성격 유형처럼 반전을 꾀하면 충분하다. 그것만으로도 삶은 크게 바뀔 수 있다.

전화위복, '이게 어떤 좋은 일을 만들지 모른다'

|

인생의 맛은 반전에 있다. 고통스러운 일이 어느 순간 기쁨이 된다. 말에서 떨어져 다리가 부러져 장애인이 되지만 후일 덕분에 전쟁터에 끌려가지 않아 목숨을 부지한다는 새옹지마의 내용이 이를 대변한다. 당장의 불행이 고통스럽지만, 전화위복이 될 수 있다는 사실을 이해한다면 스트레스가 극단을 향해 달리는 걸 막을 수 있다.

전화위복은 특히 A형이 잘 활용할 필요가 있다. 성취욕이 강한 만큼 실패하는 경우도 많기 때문이다. 실패했을 때 낙담하기보다, '이게 어떤 좋은 일을 가져올지 모른다'고 생각하는 것이다. 그 생각만으로도 마음의 평화가 찾아오는 경험을 할 수 있다. 스트레스 상황이 냉정한 현실로 다가오기 시작한다.

사실 전화위복은 언제나 가능한데, 그 이유는 세상 모든 것에는 좋음과 나쁨이 함께하기 때문이다. 동전에 앞뒷면이 동시에 존재할 수밖에 없듯이 당장 벌어진 일이 슬픔이라고 생각되지만, 그 뒤엔 기쁨이 가만히 앉아 있다. '이게 어떤 좋은 일을 만들지 모른다'고 생각하는 순간 그 기쁨이 비로소 눈에 보인다. 그걸 놓치지 않음으로써 과도한 스트레스로 인한 당장의 고통도 줄이는 한편, 인생 역전의 길도 찾을 수 있다.

대표적인 예가 필자라고 생각한다. 나의 경우 전형적인 A형이다. 공부도 잘했고, 늘 잘해야 한다는 긴장감도 있었다. 시험도 잘 봐야 한다고 늘 생각했다. 경기고등학교에서도 성적이 좋았다. 당연히 서울대를 간다고 모든 사람이 생각했다.

그런데 너무 잘해야 한다는 강박이 있었다. 그것이 극도의 긴장을 몰고 왔고, 서울 공대에 본고사를 보러 갔다가 떨어졌다. 첫 문제가 너무 어려웠다. 보통 이럴 경우 다음 문제부터 풀어가는 게 정석이다. 나는 그것을 하지 못했다. 풀어야 한다고 생각했고 매달리다 보니 불안감은 증가했고 결국 첫 문제를 풀기는 했으나 시간을 많이 까먹었다. 시험은 엉망이 됐고 나는 떨어졌다. 같은 고3 교실에서 나보다 등수가 낮았던 친구들도 다 붙었는데 홀로 떨어졌다는 심한 자괴감이 몰려왔다.

시험에 떨어진 뒤 주변 많은 분이 안타까운 마음으로 위로를 해 주셨다. 그런데 나의 아버님은 달랐다. 오히려 "잘됐다"고 하시는 게 아닌가. 그러면서 아예 의대에 가라고 하셨다. 어쩌면 나의 아버님이 전형적인 E형 인간이셨는지도 모르겠다.

그러면서 당시 후기 모집을 하고 있던 가톨릭 의대에 지원했다. 그런데 사실 가톨릭 의대는 서울대 들어가기보다 쉽지 않았다. 나처럼 떨어진 사람이 전부 몰리는 상황이었기 때문이다. 아울러 나는 당연히 재수해 서울대에 가겠다는 생각을 굳힌 상황이었다. 따라서 합격이라는 목표 없이 아버지의 권유를 뿌리치는 것도 면목이 없어 '시험이나 보자. 붙든 말든 상관할 바는 아니다'라고 생각하고 응시를 했다. 즉 긴장감 없이 마음 편하게 시험을 봤고 무척 좋은 성적으로 합격했다.

순간 깨닫는 게 많았다. 아울러 이게 어떤 좋은 일을 만들지 모른다고 생각하기 시작했다. 그리고 대학 입학 후 의대가 내 적성에 맞는다는 사실을 발견했다. 서울 공대에 떨어진 덕분에 몸에 맞는 의대라는 곳에 올 수 있었으니 얼마나 다행인가. 실패가 오히려 전화위복이 될 수 있음을 깨닫는 순간이었다.

현재 서울 공대를 졸업한 많은 고등학교 동기들은 대기업의 공장장 정도로 사회생활을 마무리한 뒤 전부 뒷방 할아버지가 되어 있다. 반면 나는 이 나이에도 아직 일하고 있다. 얼마나 잘된 것인가. 잠시 일을 접은 뒤 집에서 쉬었던 적이 있었으나 정말 갑갑해서 미칠 지경이었다. 나 같은 스타일은 어디서 풀빵 장사라도 해야 하는 성격이다. 의사였던 덕분에 성격에 부합하는 인생을 살 수 있었고 지금도 살고 있다. 서울대 불합격이 큰 전화위복이 되고 있음을 나이가 들수록 뼈저리게 느끼고 있다.

당장의 실패라는 앞면만이 아닌 그 뒷면에 존재하는 새로운 기회를 함께 보게 만드는 한마디 주문은 바로 '이게 어떤 좋은 일을 만들지 모른다'이다. 그 마음의 버튼을 누르는 순간 실패에 따른 과도한 스트레스는 균형을 찾아갈 수 있다.

긍정, '그래도 꽃이 예쁘네'

긍정적으로 생각하기는 D형 성향이 E형을 닮아가는 데 효과적인 방법이다. 물론 타고난 성향을 전부 바꿀 수는 없다. 장미를 보는 순간 가시가 눈에 들어오는 건 어쩔 수 없다. 다만 생각과 평가의 말미에 '그래도 꽃은 예쁘네'라는 한마디를 덧붙이는 것이다. 간단히 할 수 있다. 그러나 그 효과는 생각보다 크다. 부정적 생각을 다시 한 번 부정함으로써 강한 긍정을 만들면서 생각과 호르몬의 균형을 찾을 수 있다.

예전 친구들 모임에 참석한 적이 있는데, 전부 현 정부에 비판적이었다. 특히 한 친구가 얼굴까지 붉혀가면서 쌍욕까지 서슴지 않았다. 딱 봐도 전형적인 D형이었다. 말 중간에 내가 한마디를 거들었다. "지금 대통령한테 고마워해야 해." 그러자 그의 얼굴빛이 파랗게 질리면서 폭발 직전까지 올라가는 게 보였다. 그 순간 나는 "덕분에 다음엔 네가 원하는 대로 정권이 바뀔 가능성이 높아졌잖아. 잘 했어 봐 저쪽 당이 5년간 더 집권할 가능성이 높아질 거 아냐."라고 덧붙였고, 순간 친구는 표정을 바꿔 박장대소를 하며 "맞다, 맞다"를 외쳤다. 이렇듯 내가 싫어하고 혐오하는 대상이라도 그 덕분에 발생하는 긍정성이 있다. 그 사실을 잠시라도 마주함으로써 몸과 마음이 극단으로 달리지 않도록 할 수 있다.

사실 모든 걸 긍정적으로 보라고 말하기는 어렵다. 냉정하게 봐야 할 때는 차갑고 비판적일 필요도 있다. 이 같은 태도가 사회적으로 순기능을 하기도 한다. 다만 세상의 양면성을 놓쳐서는 안 된다. 나쁨과 좋음, 장점과 단점은 늘 동전의 양면처럼 공존한다.

소극적이고 자존감이 낮은 C형 성격의 경우도 이 같은 방법이 효과를 발휘할 수 있다. 예컨대 개성이 없다며 자신을 열등하게 생각하는 경우가 C형 성격 중에는 자주 발견된다. 독특한 색깔의 사람을 부러워하며 이들과 비교해 본인을 낮게 평가한다. 그러나 개성이 없다는 단점은 역으로 어디에서도 튀지 않고 잘 어울릴 수 있다는 장점이 되기도 한다.

실제 성격과 외모가 중간쯤 되는 사람이 사회에 쉽게 적응하고, 낯선 사람에게 마음도 잘 연다고 심리학자들은 말한다. 개성이 강한 사람은 본인이 돋보여야 한다는 생각이 강한 탓에 타인과 쉽게 어울리지 못하는 경우가 많다. 소심함 때문에 우울해지려는 순간 '그래도 내가 일만은 꼼꼼하게 하잖아'라는 긍정 버튼을 누름으로써 어두워지는 마음이 수렁에 빠지지 않도록 할 수 있다.

대한병원협회가 지난 3월 전국 병원 98곳을 대상으로 조사한 결과를 보면, 코로나 19 사태가 악화하면서 입원환자 수가 평균 26.44%나 급감한 것으로 나타났다. 코로나 19 감염 예방을 위해 3개월여에 걸쳐 시행된 마스크 쓰기와 손 씻기 등 예방조치가 국민 사이에 일상으로 자리하면서 잔병치레가 크게 줄어든 게 주요 원인으로 꼽히고 있다. 이전보다 몸이 건강해져 병원 나들이가 뜸해졌다는 보고까지 나오고 있다. 실제 겨울철 독감이나 감기 환자의 숫자도 몰라보게 줄어들었다. 코로나로 인해 병의 공포가 쌓이고 해외여행 등 당연했던 일상이 무너졌지만, 덕분에 조금 더 건강한 생활을 하게 됐다는 이야기다. 이렇듯 세상 모든 일에는 긍정과 부정이 동시에 존재한다는 사실을 늘 기억할 필요가 있다.

정수, '팔자가 그런 걸 어떻게 하겠어'

필자가 가장 권하는 방법 가운데 하나가 정수다. 정수整隨
는 현실을 있는 그대로 보는 것이다. 미래에 대한 기대나 욕
망 등을 바탕으로 세상을 보고 그로 인해 고통받는 굴레에서
벗어나야 한다. 정수를 가능하게 하는 한마디가 '있는 그대
로 받아들이자'이다.

예컨대 우리는 행복하기 위해 돈을 추구하지만 돈 때문에
불행하다. 왜냐하면 없기 때문이다. 돈이 없어 좋은 차와 명
품 가방을 마련하지 못하는 현실이 스트레스가 된다. 그럴 때
'팔자에 돈이 없는 걸 어떻게 하겠어. 있는 그대로 받아들이
자'라며 현실을 냉정하게 인정하는 것이다. 그 순간 돈 없이
도 행복할 수 있는 실마리가 눈에 들어올 수도 있다. 죽기를
각오하면 살고, 살기를 각오하면 죽는 이치와 다를 바 없다.

이런 게 바로 정수라고 할 수 있다. 담벼락에 매달리기보
다 툭 털고 땅으로 내려온다. 그리고 매달렸던 담벼락을 물
끄러미 바라본다. 거기서 길을 볼 수 있다.

10살 손자가 세상을 떠난 뒤 나는 현실을 받아들이지 못해 한동안 깊은 슬픔에 빠져 있었다. 인생에서 가장 큰 스트레스가 죽음이라는 사실을 비로소 절감했다. 자식이 죽으면 평생 가슴에 묻고 살아야 한다는 말의 뜻을 실감했다. 허우적거릴수록 더 깊은 늪에 빠져드는 느낌을 지울 수 없었다. 우울하고 슬픈 날이 지속되면서 이러다 내가 죽겠구나 싶은 생각까지 들었다.

그 순간 내가 했던 게 있는 그대로 받아들이기였다. '이미 이 세상 사람이 아닌 걸 어떻게 하겠어. 이제 그만 받아들이자'였다. 그러면서 마음이 더욱 차분해지기 시작했고 내게 닥친 현실을 있는 그대로 물끄러미 볼 수 있게 됐다.

뜻대로 되지 않는 게 세상에 참 많다. 어떻게 할 수 있겠는가. 그냥 받아들이는 수밖에 없다. 안달한다고 해서 바뀌는 건 없다. 꽉 막힌 도로에서 아무리 안달을 한다고 갑자기 길이 뻥 뚫리지 않는다. 조급해봤자 불필요한 스트레스 호르몬만 나를 괴롭힌다. 자식이 어느 순간 내 뜻대로 움직이지 않는다고 스트레스를 받는 부모들이 있다. 끙끙 앓아봤자 나만 힘들 뿐이다. 더는 품 안의 자식이 아닌 현실을 있는 그대로 그 순간 받아들여야 내 속이 편하다.

정수를 바탕으로 인생 상담을 잘해 주시는 분이 법륜스

님이 아닐까 싶다. 여성 한 분이 남편 때문에 속이 터진다고 스님께 상담하는 걸 유튜브에서 본 적이 있다. 아주머니가 이런저런 남편 흉을 보자 스님이 대뜸 '그럼 헤어져'라고 말하는 게 아닌가. 놀라웠다. 그러나 사실 냉정하게 보면 현실을 정확히 짚은 말이다. 같이 못 살겠으면 헤어져야지 방법이 없다.

그러자 아주머니는 자식들 미래도 있고 해서 헤어지는 건 너무 어렵다고 말한다. 그러자 스님이 이번에 '그럼 같이 사세요.'라고 말한다. 그러자 아주머니는 이번엔 또다시 같이 살 수도 없는 이유를 반복해서 이야기한다. 그 순간 스님이 버럭 화를 내면서 '헤어지지도 못하고 같이 살지도 못하면 어떻게 하겠다는 것이냐'고 따지듯 물었고 아주머니는 꿀 먹은 벙어리가 됐다. 그때 스님이 표정을 바꾸면서 말씀을 하셨다. "남편을 그냥 있는 그대로 받아들이세요. 사람 바뀌지 않습니다. 자꾸 본인 기준에서 남편을 판단하고 변하기를 기대하지 마세요. 본인만 속 터집니다."

스님이 했던 게 남편을 있는 그대로 받아들이라는 것이었다. 헤어질 수도 없고, 내가 꿈꾸는 멋진 남자가 될 수도 없는 현실을 냉정하게 인정하라는 의미다. 그럴 때 오히려 세상이 편하게 다가온다. 이게 바로 정수가 아닐까 싶다.

감사하기, '세상은 감사할 일로 가득하다'

한 번은 위암에 걸려 큰 수술을 했던 분과 대화를 한 적이 있다. 수술 후 몸이 나아진 뒤 나에게 "예전엔 세상이 온통 불만으로 가득했는데, 큰 병을 앓고 나니 세상에 감사할 일투성이더라고요."라고 말하면서 "남들은 비싼 소고기 먹는데 난 매일 삼겹살밖에 먹지 못한다고 불평했는데, 앓고 나니 먹을 수 있다는 사실만으로 얼마나 감사한지..."라는 말과 함께 눈물을 글썽거리는 모습을 보면서 가슴이 먹먹했던 기억이 있다.

그분의 성격은 앞서 말한 D형이면서도 A형이었다. 성취에 대한 높은 욕구가 있었고, 늘 긴장된 상태에서 많은 일을 완벽하게 하려고 했다. 동시에 일이 뜻대로 되지 않아 많은 불만이 있었다. 늘 얼굴을 찌푸리고, 투정 부리고, 제대로 풀리지 않으면 가족과 주변 사람들에게 화부터 냈다. 그랬던 분이 바뀐 것이다.

그분이 마지막으로 "돌이켜보니 내가 생각한 것의 100%

에 만족하지 못했을 뿐, 80% 정도는 이뤘다는 생각이 든다"며, "그동안 이뤘던 80%에 감사할 줄 모르고, 이루지 못한 20%에 매달려 가슴 아프고, 괴로워하고, 조급하게 자신과 주변을 닦달했다고 반성한다."고 말했다.

단언컨대 그가 E형으로 바뀌고 있음을 마음으로 감지할 수 있었다. 그리고 그 같은 변화는 암의 재발을 막을 수 있도록 호르몬 분비를 정상화하는 데 도움이 될 것이다.

감사가 질병 치료에 도움이 되는 이유는 뇌의 활동과 관련이 있다. 감사함을 느끼는 순간 뇌의 측두엽 가운데 사회적 관계 형성과 연관된 부분과 쾌락 중추 파트가 상호작용하면서 도파민, 엔도르핀 등 긍정 호르몬의 분비를 촉진한다. 이를 통해 심장 박동과 혈압이 안정되고 근육이 이완되면서 행복감이 솟아나는 것이다.

캘리포니아 주립대학 폴 밀스 교수는 심부전 환자에게 감사 일기를 작성하게 한 결과 통상적 치료만 했던 그룹에 비해 심혈관 질환의 원인이 되는 염증 수치가 크게 낮아졌다고 발표했다. 감사의 마음이 만든 긍정적 변화 탓이다.

2017년 2월 KBS 다큐멘터리 생로병사는 30대 여성과 50대 후반인 그녀의 어머니가 우연히 쓰기 시작한 감사 일기로 인해 겪은 엄청난 변화에 대해 다뤘다. 오랫동안 좋지 않았던 모녀 관계가 회복된 것은 물론 만성 골수 백혈병으로 시한부 선고까지 받았던 병세가 놀라울 정도로 회복된 것이다.

여전히 감사해야 할 이유가 없는데 어떻게 감사를 하느냐고 투덜거리는 분들은 감사해야 할 정말 중요한 이유를 아직 깨닫지 못하고 있는 셈이다. 바로 본인의 건강이다. 사촌이 땅을 샀다고 배 아파해 봤자 내 건강만 손해다. 역으로 부자 사촌이 있기에 내가 금전적 도움을 줘야 하는 일이 발생할 가능성이 없어 참 감사하다고 생각할 수 있다. 사촌에게 돈을 빌려줬다 전 재산을 날리는 경우도 분명 존재하는데, 그에 비하면 얼마나 다행인가. 그래야 아픈 배가 나아지고 마음이 편해지는 한편 스트레스 호르몬이 독성을 띠지 않도록 만들 수 있다. 즉 내 몸이 건강해진다.

절대적 빈곤에서 벗어난 대한민국에서 현재 사람들의 큰 스트레스 가운데 하나가 상대적 빈곤이다. 차가 없어서 고통이기보다는 남들은 외제 차 타고 다니는데, 경차를 끌고 다녀야 하는 현실이 불만족스럽고 열이 받는다. 그래봤자 나만 손해다. 지금도 전쟁과 기아로 고통 받고 있는 아프리카 국가에 태어나지 않은 게 얼마나 감사할 일인가. 우리가 감사해야 할 이유는 수도 없이 많고, 그중 1위는 감사가 내 건강을 지켜줄 수 있다는 점이다.

방어기제, '저건 신포도야'

아는 분의 경우 본인을 괴롭히는 직장 상사가 있었다고 한다. 그분 때문에 직장을 그만둘까도 생각했다. 직장 스트레스와 이에 따른 분노로 집에 와서도 잠을 설치기 일쑤였다. 몸이 견디기 어려운 지경에 이르자 갑자기 '저분도 가족들 먹여 살리기 위해 없는 능력에 애를 쓰고 계신 거구나'란 생각을 하기 시작했다고 한다.

그러자 그분에 대한 측은한 마음이 들기 시작했다. 그러면서 그에 대한 분노가 애처로움으로 바뀌었다. 그에게 받는 스트레스가 빠져나가는 느낌을 받으면서, 오히려 상쾌함을 느꼈다고 한다. 생각이 바뀌는 순간 엔도르핀이 나오기 때문이다. E형의 특성이 이와 같다고 할 수 있다. 스트레스를 잘 견딘다기보다 썩은 물을 흘려보내는 마음의 하수도가 있다.

프로이트 심리학에서 합리화는 상황을 그럴듯하게 꾸며 자아가 상처받지 않도록 정당화시키는 방어기제다. 대표적인 예가 이솝 우화 "여우와 신포도"이다. 먹음직스러운 포도를 발견했지만, 발이 닿지 않아 먹을 수 없자 여우는 '저 포도는 먹을 수 없는 신포도'라고 생각하는 장면이다. 정말 신포도인지 아닌지 모르겠지만 신포도로 규정함으로써 마음속 스트레스를 해소한다.

이웃집 아이가 명문대에 들어갔다는 소식에 스트레스를 받던 한 아주머니가 '그래도 우리 아들이 더 잘 생겼다'며 자신을 스스로 위로하는 장면을 텔레비전에서 보았다. 이런 것 역시 합리화다. 괜히 열 받아 죄 없는 아들을 구박하는 것보다 낫다. 이 같은 방어기제를 잘 활용함으로써 나쁜 스트레스를 좋은 스트레스로 바꿀 필요가 있다.

우리에게 존재하는 가장 대표적인 방어기제가 종교란 사실을 이번에 절실히 깨달았다. 기독교인이지만 과학자로서 보이지 않는 신의 세계를 크게 신뢰하지 않았다. 과학자의 관점에서 세상 모든 이치는 보이는 세계에 근거해야 하기 때문이다.

그러나 하늘에서 더 큰 곳에 쓰기 위해서 일찍 손자를 데려갔다는 목사님 말씀이 더 없는 위로가 되었다. 가슴에 깊게 다가왔다. 이승은 떠났지만, 천국에서 살아 있다는 사실이 그것이 사실인지 아닌지 알 수는 없으나 여우의 신포도처럼 살아남은 나에게 정말 큰 위로가 됐다. 아울러 지극히 개인적인 경험이지만 하나님 옆에서 웃고 있는 손자를 보기도 했다.

세상을 떠날 즈음이 되면 종교에 귀의하는 경우가 많은 이유도 마찬가지다. 나 역시 다르지 않다. 죽은 뒤 영원히 사라지는 게 아닌 천국에서 편하게 영생을 한다는 종교적 교리가 죽음을 보다 의연하게 받아들이도록 해 준다. 죽음과 고통에 맞서는 방어기제를 종교가 하나님의 뜻으로 제공하는 셈이다. 종교인이라면 믿는 신의 도움을 바탕으로 고통스러운 스트레스에서 벗어날 수 있다.

망각, '그냥 잊어버리자'

|

나쁜 스트레스 호르몬은 일종의 몸에 존재하는 쓰레기와 같다. 마음속에 담아두면 썩기 시작한다. 따라서 제때 버릴 수 있어야 한다. 욕조에 담긴 물을 버리기 위해선 그저 하수구로 통하는 마개를 뽑기만 하면 된다. 그러면 물은 알아서 저절로 빠져나간다. 이처럼 마개 뽑기와 같은 효능이 있는 말이 '그냥 잊어버리자'다. 그러고 나면 나쁜 기억은 조금씩 사라져간다.

내가 근무하는 요양병원에 계시던 한 할머니에게 미국에서 사는 아들이란 사람이 찾아온 일이 있었다. 아들은 재산 관계로 어머니가 은행에 직접 방문해서 서명할 일이 있다며 데려가려고 했다. '아프니 모셔가지 마세요.'라고 극구 말렸으나 막무가내였다. 어머니는 억지로 끌려갔다. 무슨 일인지 정확히 모르겠으나 형제간에 할머니 재산을 놓고 싸움이 벌어졌고, 미국에 있던 아들이 한국에 나와 난리를 치며 어머니를 강제로 끌고 간 뒤 각종 예금 관련 서류에 서명했다고 한다.

은행에 다녀온 할머니는 크게 좌절한 낯빛으로 말도 없이 우울하게 저녁을 보냈고, 밤에 잠을 못 주무시는 듯했다. 그날 자신에게 벌어진 일이 기가 막혀 불면에 빠진 할머니에게 나는 모든 걸 잊어버리라고 말씀드렸다. 현실에서 이미 벌어진 일이기에 후회해도 누구를 원망해도 바뀌는 건 아무것도 없었다. 그저 잊는 게 상책이다.

그러나 할머니는 고이기 시작한 스트레스 호르몬을 배출하지 못했고, 갑작스러운 스트레스에 따른 심장 마비로 다음 날 돌아가셨다. 조금 더 강하게 할머니께 말씀을 드리지 못한 게 후회스러웠다. 아무리 좋은 의사와 의료시설, 그리고 약도 그 순간 소용이 없었다.

'그거요 저는 잘 기억이 안 나요. 벌써 잊어버렸는걸요.' 아픈 과거를 떠올리면 이렇게 대답하는 이들이 있다. 진짜 기억이 나지 않는지 일부러 기억이 안 나는 척하는지 주변 사람들은 정확히 모른다. 사실 기억이 안 나는 척해도 관계는 없다. 우리 뇌는 그럴 경우 정말 기억이 나지 않은 것으로 착각하기도 한다. 잊었다고 생각하면 정말 잊은 것처럼 생각한다. 이렇듯 나쁜 스트레스 호르몬의 분비를 유발하는 기억을 지워버리는 것 역시 필요한 방법 가운데 하나이다.

예컨대 폭력적인 아버지 밑에서 학대를 당했던 형제를 본 적이 있는데, 형은 다음과 같은 이야기를 했다. "저는 머리가 나빠 그때 기억을 다 잊었는데, 동생은 너무 좋아 생생하게 기억하고 있더라고요. 좀 잊어버렸으면 좋겠어요. 이제 아버지도 돌아가시고 안 계신데, 그때 기억이 여전히 동생을 괴롭히는 것 같아요." 동생은 머리가 좋은 전형적인 A형이었다. 공부를 잘하고 머리도 좋았던 덕분에 의대에 갈 수 있었지만 동시에 과거의 나쁜 기억을 잘 잊지 못했다.

이 같은 기억을 세면대에서 세수하고 난 뒤 더러워진 물을 하수구로 흘려보내듯이 내려보내야 한다. 앞서 예를 들었던 할머니와 같은 일이 벌어져도 이미 지나간 일 마음에 담고 있으면 내 속만 썩는다며 툭 털어 버린다. '나는 기억력이 모자라 금방 잊어버려'라고 생각하자. 버린 척만으로도 아무런 대책 없이 마음에 담고 있는 경우보다 나을 수 있다. 그러면 우리 몸은 다시 균형을 찾아간다. 인체의 신비라고도 할 수 있다.

죽음, '열심히 살았으니 후회는 없어'

인간에게 가장 큰 스트레스는 결국 죽어야 한다는 사실일지 모른다. 죽음 앞에 서면 사람들은 우울해질 수밖에 없다. 사춘기 청소년부터 여든이 넘어가는 노인에 이르기까지 문득문득 다가오는 죽음의 공포가 고통을 몰고 온다.

본격적으로 E형에 관한 연구를 시작한 것은 모교인 가톨릭 의대에서 정년퇴임을 한 뒤 노인병원에 근무하면서다. 그곳엔 죽음을 기다리는 노인들이 많다. 일주일에도 몇 분씩 세상을 떠난다. 어제까지 침대에 누워 나와 대화를 나누던 분이 다음 날 숨을 거두는 걸 보면서 '이제 내 차례도 얼마 남지 않았구나'라는 생각이 들고, 그 순간 침울해지기도 한다.

그러면서 노인 병원에서 죽음과 병마와 싸우는 분들을 자세히 지켜보게 되었고 의연하게 대처하는 분들과 고통 속에서 신음하는 두 부류로 구분된다는 것을 알게 됐다.

죽음에 의연한 이들의 대체적인 공통점은 과거 삶에 대

한 후회가 덜하다는 점이다. 곧 죽어야 한다는 사실에 가슴 아파하다가도 '최선을 다해 살았지. 열심히 살았으니 후회는 없어. 이만하면 된 거야'라고 생각하면서 마음을 다잡는다. 그러면서 삶에 여유가 생기고 통증도 이겨내고 긴장도 잘 해소한다. 이것이 바로 죽음이란 스트레스에 E형 성향의 노인들이 카운터펀치를 날리는 방식이다. 물론 죽음에 대한 두려움이 털끝만큼도 없다고 말할 수는 없다. 다만 죽음의 공포가 닥쳐오는 순간을 의연하게 넘긴다.

그만큼 잘 살았다고도 할 수 있고, 다른 측면에서 본인 삶을 긍정적으로 바라보는 태도를 가진 분들이라고도 할 수 있다. 사실 본인 인생에 전혀 후회가 없는 사람은 없을 것이다. 그래도 '이 정도면 잘 산 거야'라고 만족을 할 줄 알게 되면 죽음에 대해 조금 더 의연해질 수 있다.

필자 역시 이제 80을 앞둔 상황이기에 죽음 앞에서 자유로울 수 없다. 많은 사람과 마찬가지로 살면서 서너 차례 삶과 죽음의 문턱을 오가기도 했다. 여전히 요양병원에서 근무하기에 일주일에도 몇 차례 세상을 떠나는 이들과 마주해야 한다. 그 우울한 풍경 안에서 나 역시 반전을 만들어야 했다. 긍정적으로 생각하고, 감사하고, 배려하고, 봉사하는 마음을 키움으로써 우울함에 카운터펀치를 날리려 했다.

그러면서 내 삶을 돌아보게 되었고, 마찬가지로 세상을 떠나야 하는 상황에서 아쉬움이 덜하면 행복한 죽음을 맞을 수 있지 않을까 싶었다. '이만하면 행복했어'란 느낌이 있어야 한다고 생각했다. 그리고 곰곰이 내 인생을 돌이켜보니, 나름 행복했고, 건강하게 살았고 평균 이상의 수명을 누렸고, 더불어 과학자, 의사 그리고 교수로서 전문 분야에 족적을 남겼다. 이 정도면 꽤 괜찮은 삶을 살았다고 스스로 위로할 수 있다는 생각이 들었다. 죽음이란 공포 앞에서 내가 나의 고통을 전화위복시키는 방식이 이와 같았다.

그래서 아직 시간이 많은 젊은 분들에게 한 가지 당부하고자 한다. 내가 눈을 감는 순간 '이만하면 행복했어'란 느낌이 들게 할 수 있는 최소한의 기준을 생각하고 그걸 중심으로 내 인생을 설계할 필요가 있다.

이는 곧 죽음을 부정하기보다는 긍정적으로 받아들이고 죽는 순간까지 내 삶에 최선을 다하겠다고 생각하는 태도일 수 있다. 인간은 모든 것이 영원히 계속될 것처럼 생각하고 살아간다. 하지만 영원할 것 같은 인생도 어느 순간 종착점에 도달한다. 그걸 괴로워하기보다 긍정적으로 받아들일 수 있는 방법을 찾는 것이 필요하다.

심호흡, '일단 숨 한 번 크게 쉬고'

나쁜 스트레스를 좋은 스트레스로 바꾸는 건 의식의 방향을 바꾸는 일이라고 할 수 있다. 한쪽으로 치우치던 의식을 원래 위치로 되돌림으로써 균형감을 유지한다. 이를 위해 방향의 전환이 필요하다.

그런데 방향을 바꾸기 위해서는 언제나 잠시 멈춤의 시간이 필요하다. 하늘에 공을 던지면 낙하가 시작되기 전 잠시 정지하는 시간이 있다. 차를 뒤로 빼기 위해선 일단 브레이크를 밟고 기어를 교체하는 짧은 시간이 필요하다. 이 같은 시간이 일단 멈춤의 시간이라고 할 수 있다.

스트레스 호르몬이 과도하게 분비된다고 생각할 때도 마찬가지다. 일단 멈추고, 심호흡을 할 필요가 있다. 그러고 나서 방향을 바꿔 긍정적으로 생각하기 시작하는 것이다. 버스가 꽉 막혀 화가 치미는 순간 '잠깐'을 머릿속으로 외치면서 잠시 멈춤을 실행하고, 이후 눈을 감고 숨을 한 번 크게 쉬는 것이다. 이를 바탕으로 필요 이상으로 긴장했던 신체를 이완한다. 스트레스가 부정적으로 발전하는 걸 막는다. 그런 뒤 행동에 나선다.

아울러 한 가지 더 기억해야 할 사실은 스트레스 호르몬이 몸에 잘 섞이게 하기 위해서도 멈춤이 중요하다는 점이다. 스트레스 자극이 다가오는 순간 몸에선 호르몬이 분비되고 근육은 긴장한다. 그런데 스트레스 호르몬이 분비되는 순간 몸에 바로 섞이지 않는다. 설탕을 물에 넣는다고 바로 녹지 않는 이유와 다를 바 없다. 젓가락으로 잘 저어 주어야 하는데, 잠시 멈추고 심호흡을 하는 게 이 같은 역할을 한다.

호르몬과 긴장을 골고루 섞어주는 행위가 바로 심호흡인 셈이다. 잘 섞여야 스트레스 호르몬은 긍정적인 역할을 할 수 있다. 운동선수들이 극도로 긴장된 순간 심호흡을 크게 한 번 하는 이유도 여기에 있다. 그래야 몸에 분비된 아드레날린이 제 기능을 발휘한다.

부부 싸움 중 분노를 참지 못해 자식이 보는 앞에서 아내를 일본 칼로 살해한 남성이 나중에 당시 현장에 같이 있던 장인에게 '왜 적극적으로 말리지 않았냐'고 후회하며 말했다고 한다. 그 순간 예전 코미디 프로에서 개그맨이 했던 '누가 나 좀 말려줘요'라는 유행어가 생각났다. 분노가 폭발하면 스스로 멈추기 힘든 상황에 빠지면서 누군가 도움을 주길 바

라기도 한다. 그러나 폭주하는 기관차에 다가가는 건 생각만
큼 쉽지 않다. 그 모든 문제를 스스로 해결할 수 있는 간단
한 방법이 한 번의 심호흡일 수 있다. 이를 바탕으로 폭발하
는 분노는 하수구에 썩은 물이 흘러내려 가듯이 떠내려 보낼
수도 있다.

내려놓기, '마음을 비웠어요'

E형의 특징 가운데 하나가 마음을 비울 줄 안다는 것이다. 사람은 어쩔 수 없이 집착하게 된다. 가지고 있는 것을 지키거나 새로운 걸 얻으려다 보면 그에 대한 강박감이 생기는 경우가 많다. 실상 없어도 상관없는 데 잃어버리면 세상 모든 게 사라질 것 같은 압박을 받으면서 몸이 상하기도 한다. 그 순간 매달려봤자 아무 의미가 없다는 걸 깨닫고 '툭' 하고 마음에서 내려놓을 줄 알아야 한다.

노인 병원에 있는 분들의 경우 추석이나 명절이 되면 가족이 찾아오기를 기다린다. 한 분은 추석이 되어도 기다리던 자식이 오지 않자 무척 서운한 눈치였다. 다음 해 설날이 다가올 때도 마찬가지였다. 이번에도 자식이 오겠다는 기별이 없다고 했다. 전화를 한번 해보라고 해도 하지 않으셨다. 괜히 부담 주는 것 같아 싫다는 것이다. 같은 노인으로서 마음이 이해됐다. 그러면서도 자식과 손주가 얼마나 보고 싶을까. 그런데 막상 명절이 되자 얼굴이 환하게 밝아지셨다. 자식들이 찾아왔다고 생각해 물었다.

"아드님이 찾아오셨나 봐요? 얼굴이 많이 좋아졌어요."

"오긴요. 안 왔고, 이번 명절에도 못 온다고 전화가 왔네요. 그냥 마음 편하게 먹고 살려고요. 오면 좋고, 아니면 말고요."

체념한 말투엔 서운함도 묻어 있었지만, 분위기는 경쾌했다. 자식들의 병문안에 대한 집착을 내려놓은 듯 보였고, 그러면서 오히려 더 밝아졌다. 자식들이 오지 않아 애를 끓이거나 불같이 화를 내는 경우보다 더 현명한 선택을 했다는 생각이 들었다. 어차피 화를 낸다고 오지 않기로 한 이들이 찾아오지는 않는다. 그럴수록 스트레스만 가중될 뿐이다. 그 순간 툭 하고 내려놓으면 막혔던 엔도르핀 분비가 다시 시작되기도 한다. 자식이 찾아와도 엔도르핀이 나올 수 있지만, 그에 대한 강박을 내려놓아도 가능하다.

그래서 일이 풀리지 않는 사람에게 자주 하는 조언 가운데 하나가 마음을 비워야 한다는 것이다. 물론 이 말이 목표한 바를 포기하란 뜻이 아니다. 정말 얻고 싶으면 때론 간절한 소망을 버려야 한다는 의미다. 그래서 프로야구 코치는 슬럼프에 빠진 타자들에게 "안타를 치고 싶으면, 먼저 그에 대한 욕심을 비워야 한다"고 조언한다. 승진을 꿈꾸는 사람에게 주변 동료는 '마음을 비워야 원하는 바를 얻을 수 있다'고 말해 주기도 한다.

욕심을 버리면 그것으로 끝이 아니기 때문이다. 그 순간 빈 곳을 채울 에너지가 만들어진다. 나쁜 스트레스가 좋은 스트레스로 바뀌고, 스트레스 호르몬이 균형을 유지하며, 때론 긍정 호르몬의 분비가 많아져 기분을 맑게 한다. 그래서 동양의 고전 〈장자〉에는 다음과 같은 말이 있다.

"질그릇을 걸고 활을 쏘면 잘 쏠 수 있지만, 허리띠의 은고리를 내기로 걸고 쏘면 마음이 흔들리고, 황금을 걸고 활을 쏘면 눈앞이 가물가물하게 된다."

피땀 흘려 쓴 원고가 마음에 안 들 때가 있다. 버리자니 아깝고 들고 있자니 마음에 안 든다. 그럴 때 과감히 버릴 줄 알아야 한다. 버리면 신기하게 그 자리를 채울 새로운 아이디어가 떠오른다. 도공들이 조금이라도 마음에 안 드는 그릇을 부수는 이유도 마찬가지다. 그들이라고 작품이 아깝지 않을까. 하지만 그걸 마음에 담고 있으면, 완벽한 그릇이 들어설 공간이 사라진다.

비움은 그런 점에서 원점으로 돌아가 모든 걸 균형감 있게 바라보는 마음을 갖게 한다. 가끔 우리는 '어차피 빈손으로 왔다 빈손으로 떠나는 게 인생'이란 말을 하고, 그러고 나면 왠지 모를 차분함이 온몸으로 퍼진다. 그 순간 한쪽으로 치우쳐 위태롭던 몸과 마음의 상태가 평형 상태로 돌아오기 때문이다. 이 같은 비움의 기능을 잘 이해할 때 우리는 E형을 닮아 갈 수 있다.

조절, '적당히 하자'

|

과유불급過猶不及은 너무 많으면 모자람만 못하다는 뜻이다. 스트레스도 마찬가지다. 가장 좋은 건 과하지도 모자라지도 않은 상태다. 이를 위해 과한 스트레스를 적당한 수준으로 조절하는 능력이 필요하다. 그런 점에서 E형 성격을 닮기 위해선 '적당'히 할 줄 알아야 한다. 화를 내더라도 적당한 시점에 멈출 필요가 있다.

사랑과 같은 긍정적으로 생각되는 감정도 마찬가지다. 적당히 조절할 수 있어야 한다. 사랑이 지나치면 집착이 되는 경우가 많다. 실망감과 배신감이 더 크게 다가오게 된다. 달콤하게 시작한 사랑이 스트레스의 원천이 된다. 사랑이 집착으로 변한다고 생각되는 순간 적정선까지 내려놓을 수 있어야 한다.

사실 현대 사회에서는 너무 적어서가 아니라 많아서 문제가 되는 경우가 많다. 밥을 너무 많이 먹어 비만이 되기도 하고, 술을 너무 마셔 알코올 중독이 되기도 한다. 향락과 쾌락이 적당한 선을 넘어서면 기쁨이 아닌 패가망신을 몰고 온다. 모든 게 과유불급이다. 넘치면 모자란 것만 못하다.

삶의 모토가 적당히 하자인 분이 있었다. 본인은 적당히 한다는 생각 때문에 크게 이루지 못했다고도 할 수 있지만, 스트레스는 덜 받으면서 살았다고 한다. 예컨대 수능에서 운이 좋지 않아 실력만큼의 점수가 나오지 않았다. 크게 좌절하고 우울해하기보다 '적당히 들어왔으니 적당히 다니자'라는 생각을 했다고 한다. 직장도 너무 욕심내지 않았다. 중견기업에 입사한 그는 대기업에 들어간 친구들을 보면서 괴로워하기보다 '이 정도면 됐다'며 만족해하며 직장 생활을 했다. 회사 안에서 승진도 마찬가지였다.

적당히는 어쩌면 80점 정도에서 만족할 줄 아는 방식일 수 있다. 특히 A형 성향의 경우 완벽하게 100점에 가까운 점수를 내려고 한다. 그런데 실상 빵점에서 80까지 올라가는 것보다 80점에서 90점까지 올라가는 게 훨씬 더 어렵다. 90점에서 100점 올라가는 건 더더욱 힘들다. 본인 한계를 넘어서야 한다. 넘어서려는 노력도 필요하지만 적당한 시점에서 할 만큼 했다면서 내려놓고 '아이고 적당히 하자'라는 주문을 외우는 것도 필요하다.

내 몸을 망가뜨리고 스트레스를 과도하게 받을 정도까지

일한다면 결국 누구에게도 도움이 안 되지 않을까. 물론 적당히는 대충과는 구분되어야 한다. 적당히는 한계에 부딪혔을 때 너무 무리하지 않는다는 의미다. 너무 무리하지 않는 인생을 사는 게 곧 E형 닮기의 또 다른 면모라고 할 수 있다.

특히 적당히는 욕심이란 대목에서 중요해진다. 현대 사회는 물질적 풍요와 함께 빈부 격차를 확대했을 뿐만 아니라 누구나 열심히 한다면 높은 곳에 올라갈 수 있다고 이야기한다. 성공을 위한 치열한 경쟁이 벌어지면서 정말 꿈꾸던 고지를 점령하는 이들도 등장한다. 그러나 분명 전부는 아니다. 극히 일부일 뿐이다. 목표를 향해 뛰는 것도 필요하지만 적당한 시점에선 내가 이룬 성과에 설사 출발 당시 꿈과는 차이가 있더라도 만족할 필요가 있다. 그 순간 높이 오르지 못한 것에 괴로워하기보다 '이 정도면 됐다. 적당히 하자'는 주문과 함께 삶의 물꼬를 바꿀 수 있어야 한다.

본인의 생각이 무조건 관철되어야 한다고 생각하는 분들이 있다. 예컨대 노사 협상에서 노사 양측 모두 본인 주장이 받아들여져야 한다고 주장한다. 떼쓰거나 버티면 상대가 무릎 꿇고 들어올 것이라고 믿기도 한다. 한 발 뒤로 물러나 적당히 타협하면 모두에게 좋을 텐데, 끝까지 가보자고 작정을 한다. 그러다 본인도 상대도 파국으로 치닫는 경우가 자주 있다.

세상 모든 일에서 내 욕심을 100% 채우는 건 불가능에 가깝다. 자연은 그걸 누구에게도 허락하지 않는다. 상대가 있기 때문이고 대립물이 가로막는 탓이다. 그것을 인정하고 받아들이고 적당한 선에서 타협하는 게 순리를 따르는 길이기도 하다.

마법의 주문 '이 또한 지나가리라'

이스라엘의 다윗 왕이 어느 날 궁중 세공사에게 "나를 위해 멋진 반지 하나를 만들라"면서 "내가 전쟁에서 크게 승리해 기쁨을 억제하지 못할 때, 교만하지 않도록 하는 글귀가 들어가야 한다. 또한 그 글귀는 내가 큰 절망에 빠졌을 때 좌절하지 않고 용기와 희망을 줄 수 있어야 한다."라고 주문했다.

세공인은 정성껏 반지를 제작했으나 어떤 글귀를 새겨야 할지 몰랐다. 고민 끝에 그는 지혜롭다고 알려진 솔로몬 왕자에게 도움을 청했다. 한참을 생각하던 솔로몬은 〈이 또한 지나가리라!〉라는 글귀를 알려주었고, 듣는 순간 세공인은 눈앞이 환해지는 걸 느꼈다. 유대인들이 나치 학살의 고통이 영원할 것 같았던 순간에도 〈이 또한 지나가리라!〉라는 주문을 외우면서 견뎌냈다고 한다.

이 또한 지나가리라가 마법의 주문이 되는 이유는 언제나 변하는 현실을 정확히 표현했기 때문이다. 젊었을 땐, 젊음이 영원할 것 같은 생각이 든다. 그러나 지나간다. 한여름 열대야가 지속하면 무더위가 계속될 것 같은 생각이 든다. 그러나 결국 지나간다. 승리하는 순간, 인생이 꽃길만 걸을 것 같은 생각이 든다. 그러나 역시 지나간다. 이 같은 인생의 순리를 정확히 표현했다. 영원히 코로나 시대가 계속될 것 같지만 언젠가 지나가고 과거처럼 자유롭게 여행할 수 있는 시대가 온다.

스트레스를 받아 화가 치밀 때는 잠시 심호흡을 한 번 하고 '이 또한 지나갈 거야'라고 생각하면 마음이 가라앉기 시작함을 느낄 수 있다. 슬픔이 곧 지나가리라는 생각만으로도 정말 힘이 되는 경험을 누구나 하게 된다. 그 순간 과도하게 분비되던 스트레스 호르몬이 균형감을 찾아가기 때문이다.

슬프고 괴로울 때만 아니라 환희와 희열에 휩싸인 순간도 결국 지나간다는 점 역시 기억할 필요가 있지 않을까. 그래야 축제가 끝난 뒤 밀려오는 허무에서 쉽게 빠져나올 수 있다.

나이가 들면 '지나고 보면 별거 아닌데, 그땐 왜 그렇게 힘들어했는지 모르겠다'는 말을 자주 하게 된다. '이 또한 지나가리라'를 마음으로 읊조리는 순간 어쩌면 우리는 이 같은 노인의 삶에 대한 관조를 잠시 빌리는 경험을 하는지도 모른다.

인생, '사는 게 다 그렇지 뭐'

|

러시아의 대문호 푸시킨이 남긴 〈삶이 그대를 속일지라도〉라는 유명한 시가 있다. 38세의 짧은 나이에 세상을 떠난 그는 유명했던 만큼 큰 고통과도 자주 맞서야 했다. 가장 괴롭힌 일은 부인의 스캔들이었다. 러시아 상류 사교계의 꽃이었던 아내 곤차로바는, 푸시킨과 결혼 후에도 군인이었던 조르주 단테스와의 스캔들에 휩싸였다. 단테스는 끈질기게 곤차로바에게 구애했고 이는 당시 러시아 상류 사회 최대 화제로 회자됐다.

푸시킨의 모욕감이 얼마나 컸을지 짐작하고도 남음이 있다. 심지어 '아내에게 배반당한 남자가 된 것을 축하한다'는 식의 악의적 조롱이 가득한 편지를 받는 수모도 겪었다. 이 같은 고통 속에서 그가 쓴 시가 바로 〈삶이 그대를 속일지라도〉였다. 그 시를 쓴 뒤 읽고 또 읽으면서 괴로움의 시간을 넘겼으리라. 아울러 지금도 삶이 뜻대로 되지 않아 고통받는 수많은 사람이 푸시킨의 시에서 위로를 얻고 있다.

예전 서울대 의대를 졸업한 뒤 내가 일했던 병원에서 일하다 개원을 한 후배 의사가 있었다. 그는 A형과 B형 성격이 어느 정도 섞여 있는 스타일이었다. 성취욕이 강하면서도 낙천적이었고, 성실하면서도 낭만을 즐길 줄 알았다. 의사로서도 성공했고, 개원한 병원도 번듯하게 자리를 잡아갔다.

그러던 어느 날 교통사고를 당해 한쪽 다리를 절단하는 사고를 당했다. 엎친 데 덮친 격으로 병원에 화재가 발생해 입원한 환자가 사망하는 사고가 발생했다. 인생이 나락으로 떨어지기 시작한 그는 좌절감에 세상과 담을 쌓고 한참을 두문불출했다. 한때 친했던 그 후배가 그저 어려운 고통을 잘 견뎌내길 기도하는 일 외에 내가 할 수 있는 건 별로 없었다.

몇 년이 지난 뒤 다시 만난 그는 웃는 얼굴을 하면서 '사는 게 다 그런 거 같더라고요. 좋은 날도 있고 나쁜 날도 있고, 뜻대로 되는 것도 있고 없는 것도 있고...'

사람들은 가끔 '사는 거 별거 없다. 다 그렇고 그렇다'는 다소 인생에 대해 체념 반, 달관 반의 기분이 담긴 이야기를 하곤 한다. 이런 생각은 삼성의 이건희나 스티브 잡스나 본인이 죽으면 그만인 '사는 게 별거 없는 다 그렇고 그런 사람'으로 평등하게 만든다. 사실 틀린 말도 아니다. 아무리 돈이 많더라도 하루 열 끼 진수성찬을 즐길 수도 없다. 아무리

집이 크고 화려해도 잠자는 침대는 고작 한 평 정도다. 죽을 때 단돈 한 푼도 챙겨 갈 수 없다.

SNS를 보면 다른 사람들은 모두 잘 지내는 것 같고 나만 힘들고 고통스러운 느낌이 들기도 한다. 그러나 사실 알고 보면 사는 게 다 거기서 거기다. 겉으로 화려해 보여도 안으로 들어가 보면 썩 그렇지 않은 경우를 자주 보게 된다. 힘든 스트레스가 고통으로 다가오는 순간 인생 별거 없다는 짧은 관조 섞인 체념이 호르몬의 불균형한 흐름을 바꿀 수 있다.

행운 '그만한 게 얼마나 다행이야'

모임에서 만난 분이 계신데 퇴직 후 사업을 시작했으나, 퇴직금을 고스란히 날렸다고 했다. 무척 화가 나고 좌절할 만한 상황이었다. 실제 이 같은 경우 극심한 스트레스를 이기지 못해 병원을 찾는 경우가 많다. 그분들에게 약물 치료를 했던 경험이 있던 터라 우려의 시선으로 그를 바라볼 수밖에 없었다.

그러나 그분은 "좋은 경험을 했고 많이 배웠다고 생각한다. 다시 돈을 모아 사업을 하게 될 경우 이번엔 크게 성공은 못 해도 실패하지 않을 자신은 생긴 것 같다. 그래도 아직 몸이 건강한 게 얼마나 다행이냐, 앞으로 뭐든 할 수 있다는 생각이 든다."라며 웃는 게 아닌가.

그 순간 '이분이 E형 성향이구나.'라는 생각이 들었다. 불운에 고통받을 수도 있는 상황에서 다행인 일을 찾아낸다. 그래야 스트레스로 인해 몸이 망가지지 않는다는 사실을 이해하고 있었다. 그가 다시 사업을 시작할 경우 100% 성공할 수 있다고 누구도 보장은 할 수 없다. 그러나 침울한 상황에 빠져 있는 경우보다 전화위복이 될 가능성이 분명 더 높다.

평균대를 걷는 동안 왼쪽으로 기울어짐을 알아차리면 몸은 자연스럽게 다시 균형을 잡도록 오른쪽으로 움직인다. 의식도 마찬가지다. 한쪽으로 생각이 쏠리는 순간 의식적으로 이를 알아차리면 다시 균형을 잡게 된다. 예컨대 과도하게 스트레스를 받는 순간 '내가 너무 나갔구나.'라는 사실을 알아차리면 의식은 균형점으로 돌아간다. 이 같은 알아차림이 중요하다. 의식이 한쪽으로 너무 쏠리는 걸 방지하려는 의식적 노력이 때론 필요하다. 나쁜 길로 접어들려던 스트레스 호르몬은 좋은 상태로 원상회복된다.

나보다 더 성공한 사람을 보면 내가 운이 없고 불행해 보인다. 그러나 분명한 건 그런 나보다 더 불행한 상황에 부닥친 이들도 있다. 높이 있는 이들을 보며 스트레스를 받기만 한다면 화병이 난다. 그러나 눈을 다시 주변으로 돌리면 내가 얼마나 그래도 행운아인지 알게 된다.

스트레스로 가득한 대한민국을 살다 보면 열 받을 때가 한두 번이 아니다. 이런 나라에 태어난 게 참으로 불행하다는 생각이 들기도 한다. 그런 생각이 드는 순간 아프리카에서 어렵게 살아가는 이들을 보면, 아프리카에 태어나 굶주림과 내전에 고통받는 경우보다는 그래도 한국이 낫다는 생각을 자연스럽게 하게 된다. 이게 의식의 균형이다.

머피의 법칙이란 주변 일들이 자신에게 늘 불리하게 돌아간다는 것이다. 급할수록 신호마다 빨간 불이고, 내가 서 있는 쪽엔 없는 택시가 반대쪽엔 수두룩하다. 누구나 한 번쯤 경험하는 일이다.

그 반대가 샐리의 법칙이다. 일들이 우연히 유리하게 풀린다는 의미다. 두 개의 묘한 법칙에 관해 아주대 이민규 교수는 재밌는 실험을 했다. 낙관성 검사를 한 후 성격마다 샐리와 머피의 법칙 중 어디에 더 많이 지배받는지 물어 본 것이다.

그 결과 낙관적 성격 소유자 중 무려 71.4%가 샐리의 법칙에 지배받는다고 답했다. 반면 28%만이 머피의 법칙에 해당한다고 답했다. 결국 낙관적 성격 소유자는 샐리의 법칙과 친한 것이다. 즉 무슨 일이 벌어지든지 자신은 운이 좋다고 생각한다. 비관적 성향의 학생은 반대다. 머피 법칙에 지배받는다고 응답한 경우가 무려 86.9%였다. 샐리의 법칙을 택한 경우는 13.1%에 그쳤다.

사실 운이 얼마나 좋은지는 상대적이다. 나보다 운이 좋은 상대와 비교하면 늘 운이 없다는 생각이 들 수밖에 없다. 나

보다 없다고 생각하는 이들과 비교하면 운이 좋다는 생각이
든다. 무엇을 보느냐에 따라 행운과 불행이 갈리기도 한다.

다친 사람을 위로할 때 많이 하는 말이 '그래도 이만하길
다행이다'이다. 혹은 '액땜했다고 생각하라'면서 '덕분에 큰
사고를 면하게 됐는지도 모른다.'라고 위로한다. 다치거나
문제가 생긴 사람들에게 역설적으로 다행이라는 위로를 해
주는 셈이다. 자연의 순리가 높아지면 낮아지고 낮아지면 높
아지면서 균형을 맞춘다는 사실을 일깨워주는 셈이다. 당장
의 불행이 미래에 어떤 행운을 가져올지 모른다는 뜻이 되기
도 한다.

제5장

|

E형 성격을 만드는
작은 실천

EU

나만의 습관 찾기

습관은 생각을, 생각은 몸을 바꾸고, 이 모든 건 결국 인생을 바꾼다. 우리의 인생을 바꿀 수 있는 건 대단히 큰 무엇이 아닌 작은 실천에서 시작할 때가 많다. 시작은 미미하지만 그게 쌓이면 어느 순간 질적 변화를 만든다. E형 성격을 닮기 위해선 따라서 내 삶에 작은 변화가 필요하다.

사실 별거 아니다. 이미 우리가 하고 있는 무엇일 수도 있다. 사람들은 스트레스 해소를 위해 운동을 하기도 하고, 여행을 하거나 명상을 하기도 한다. 과도하게 긴장한 몸을 풀어줌으로써 호르몬을 포함해 모든 게 균형을 찾을 수 있도록 하기 위함이다.

나 같은 경우 나이 56에 갑작스럽게 뇌졸중으로 인해 몸 왼쪽이 불편해 심하게 운동을 할 수 없는 상태가 됐다. 그 상황에서 내가 실천했던 게 명상과 걷기다. 뒤에서 더 자세하게 설명하겠지만 명상이라고 해서 무척 어렵고 힘든 무엇이 아니었다. 간단하게 10분 만에 끝낼 수 있다.

아울러 조용히 산책하는 걸 즐긴다. 산책을 하면 굳었던 몸에 활력도 늘어나지만 동시에 머릿속에 쌓인 잡다한 생각도 차분하게 정리되는 느낌이 든다. 나이가 80이 돼 다리가 예전보다도 더 불편하지만, 꾸준히 걷기를 하고 있다. 단지 신체적 건강만이 아니라 정신이 맑아지는 느낌이 들기 때문이다. 그 순간 몸에 쌓인 과도한 스트레스 호르몬은 줄어들고 엔도르핀 등 긍정 호르몬이 늘어나고 있음을 직감한다.

아울러 주말이면 교회에 나가 예배를 드린다. 주말 예배는 바쁘게 살아가는 인생에서 잠시 쉬어가는 시간일 수 있다. 교회 예배당에 앉아 있는 나 자신을 돌아보고 기도하는 동안 명상을 하게 된다. 비록 짧다면 짧고 길다면 긴 예배 시간이지만 들어갈 때보다 나올 때 몸이 더 개운해짐을 느낀다. 그게 하나님의 은총 때문이라면 은총 때문이고, 호르몬의 분비가 균형을 찾아가기 때문이라고 하면 또 그런 것이다.

당연히 내가 하는 방법이 정답은 아니다. 걷기가 재미없다면 숙제하는 기분으로 매일 아침 산책에 나설 필요가 없다. 오히려 스트레스를 가중시키는 일이 될 수도 있기 때문이다. 편한 마음으로 또 다른 나만의 방법을 찾으면 된다. 본서에서 이야기한 것 이외에도 다양한 각자의 방식을 찾을 수 있다.

굳이 여러 가지를 할 필요는 없다. 딱 한 가지여도 좋다. 이것저것 해보다 몸에 부담이 되거나 어색한 방법은 포기하면 된다. 그리고 다른 방식을 찾아본다. E형 닮기가 고통스러울 필요는 없다. 나쁜 호르몬이 좋은 호르몬으로 바뀌는 쾌감을 선사하는 방식이 나에게 맞는 실천법이라고 할 수 있다.

너무 지나치면 과유불급이 될 수 있음도 기억해 둘 필요가 있지 않을까 싶다. 좋은 보약도 많이 먹으면 몸에 해롭다. 그런 점에서 중독성 있는 습관은 조심할 필요가 있다. 예컨대 음주다. 술은 적당히 마실 경우 묘약이 될 수 있다. 따라서 가끔 조금씩 마시는 건 호르몬 분비의 균형을 잡는 데 분명 도움이 된다. 문제는 적당히 마시는 게 쉽지 않다는 점이다.

이번 장에서는 각자의 길을 찾는 데 도움이 될 만한 몇 가지를 이야기해보고자 한다. 내가 직접 경험하거나, 정신의학계에서 인정되었거나, 주변에서 관찰했던 것들이다. 그걸 바탕으로 독자 여러분도 각자 자기만의 방법을 찾을 수 있지 않을까 싶다.

가족과 대화하기

|

밖에서 아무리 큰 스트레스를 받아도 집에 들어가 가족들과 밥을 먹으면 모든 게 다 풀린다는 분들이 있다. 가족이란 틀 안에서 대화를 통해 기쁨을 함께 나누는 것이다.

사실 잡담을 시간 낭비라고 생각하는 분들이 있다. 특히 A형 성향이 강할수록 이 같은 경향이 짙다. 업무상 사람을 만나거나 전화 통화를 할 때 처음 1분 정도는 안부를 묻는다거나, 날씨에 관해 이야기하는 등 잡담을 하게 된다. 그런데 A형 스타일의 경우 그 시간을 못 견뎌 하는 경우가 잦다. 따라서 인사하고 바로 본론으로 들어가고, 용건이 마무리되면 전화를 끊는다. 스트레스가 숨 돌릴 틈을 찾지 못하게 된다. 가볍게 커피 한 잔 마시면서 동료들과 이런저런 잡담을 나누는 시간은 훌륭한 휴식이 될 수 있다.

잡담이나 가볍게 대화를 하자고 모인 자리를 논쟁의 장으로 끌어가는 스타일도 있다. D형 성향이 강할수록 이 같은 경우가 많다. 대체로 큰 싸움이 별거 아닌 걸로 시작하는 경우가 많다. 그런 점에서 대화가 잘 되기 위해선 자신을 조금은 낮출 필요가 있다. 내 주장이 무조건 옳다고 주장하면 대화가 휴식이 아닌 스트레스가 된다.

요양병원에서 보면 늘 얼굴을 찡그리고 계신 분들이 있다. 그런 분들의 경우 일반적으로 식구들이 잘 찾아오지 않는다. 환자 치료에 관한 상의를 위해 방문을 요청하는 전화를 해도 보호자들은 '가기 어려우니, 알아서 해 주세요'라고 이야기하는 경우가 많다. 어쩌다 찾아온 자식들의 표정엔 귀찮아하는 표정이 역력하다.

자식들이 괘씸할 때도 있다. 그런데 나이 든 내가 봐도 자식들이 외면할 수밖에 없는 분들도 있다. 찾아오면 늘 불만만을 이야기하고, 불평하고 혼을 내기만 한다. 자신을 외면하는 자식들을 비난한다. 내가 볼 때 전형적인 D형이다. 찾아온 자식을 반갑게 맞아주고 와줘서 고맙다고 말하는 게 힘들다. 안 온다고 비난하면서도 막상 찾아오면 '왜 왔냐?'고 혼을 내기 시작한다. 자기 마음을 알아달라는 표현이겠지만, 상대 입장을 전혀 고려하지 않는 방식이다.

자식들의 나이도 50을 넘긴 경우가 대부분이다. 평생 아버지에게 저렇게 꾸지람만 듣고 살았겠구나 싶은 생각이 들 때도 있다. 물론 부모 마음을 이해 못 하는 자식도 있으나,

나이 든 내가 보더라도 자식들이 외면할 만한 경우도 있다. 결과적으로 자식들과 대화를 평생 제대로 해본 경우가 드물었던 것이다.

그런 분들일수록 복용하는 약도 병의 가짓수도 많다. 끼니마다 약을 한 움큼씩 먹고, 당뇨, 관절염, 불안증, 불면증 등 여러 질병을 앓고 있다. 주기적으로 찾아오는 고통을 쉽게 이겨내지 못한다. 몸이 아프면 세상을 원망하고, 자식을 원망하고, 병원을 원망하고, 의사를 원망한다. 의사인 내가 위로를 하면 '당신이 치료를 제대로 못 해 아픈 거 아니냐'고 되레 화를 낸다. 돕고 싶은 마음이 쏙 들어간다.

반면 가족들이 자주 찾아오고, 자식들과 잘 대화하고 주변 환자와 대화하는 분들을 보면 고통도 잘 견딘다. 먹는 약의 가짓수도 적다.

퇴근한 뒤 단 20분이라도 가족과 대화하는 시간을 가져보자. 이미 하고 있다면 그게 주는 기쁨을 아는 분들일 것이다. 만일 그렇지 않다면 한번 실천해보자. 특히 A형 스타일이나 D형 스타일의 남성 가장에게 권하는데, 한 가지 조심해야 한다. 이야기는 대화여야지 일방적 지시나 훈육이 되어서는 안 된다. 아이들을 가르치고 아내에게 뭔가 지시하기 위한 대화를 한다면 단언컨대 가족의 스트레스는 더 쌓이고 본인은 나이가 든 뒤 외로운 노년을 보낼 가능성이 높다.

대화는 나를 위한 것이다. 내 스트레스 해소에 도움이 된다는 생각이 필요하다. 아내와 자식의 잘못을 고쳐보겠다는 이타심은 일단 접어두자. 이를 위해 있는 그대로 상대를 받아들일 필요가 있다. 내가 생각한 만큼 아이가 부지런하지 못해도 어쩔 수 없다. 잔소리 몇 마디에 당장 바뀌지 않는다. 나만 스트레스 받는다. 이런 가운데 대화를 하다 보면, 아내도 자식도 나 자신도 몰라보게 달라져 가고 있음을 발견할 수 있지 않을까 싶다.

걷고 노래하고 춤추고

병원에 계셨던 한 할머니는 암으로 임종을 앞두고 계셨다. 그럼에도 불구하고 돌아가시기 며칠 전까지 통증이 찾아오면 찬송가를 부르셨다. 찬송가를 부르면 통증이 사라진다고 했다. 다른 분들은 짜증을 내고, 약을 달라고 아우성을 칠 때 그 할머님은 찬송가를 부르면서 통증을 이겨냈다. 찬송가를 통해 나쁜 스트레스 호르몬을 좋은 스트레스로 전환한 것이다.

할머니 침상에서 찬송가가 들리면 병원 관계자들은 통증이 찾아왔음을 알았다. 그리고 잠시 후 밝게 웃는 할머니 모습을 볼 수 있었다. 몸에 도파민과 엔도르핀이 돌기 시작했기 때문이다. 외부적 약물 치료 없이도, 기쁜 노래로 인해 분출된 도파민과 엔도르핀이 할머니의 고통을 제거한다. 할머님을 볼 때 비록 나도 의사이지만 우리 몸의 신비함에 대해 경외감을 느끼게 되었다.

할머님은 고통을 이겨낼 힘을 하나님께서 주시고 있다고

말했다. 인간과 우주를 창조한 것이 하나님이라고 믿는다는 점에서 할머님의 말씀도 사실이다. 하나님께서는 스스로 고통을 이겨낼 수 있도록 우리 몸을 만들어 놓으셨기 때문이다. 할머니는 몸의 섭리를 잘 이해하고 있는 것이고, 스스로 고통을 이겨낼 힘을 만들어준 하나님께 감사드리는 것이라고 볼 수도 있다.

할머니를 자세히 관찰한 적이 있는데, 가족 관계도 참 좋다는 걸 알 수 있었다. 주말이면 자식들이 자주 찾아와 대화하고, 모시고 나가 밥도 사드리고 한다.

40년 테니스를 해온 한 분은 테니스 코트에 들어서는 순간 가슴이 상쾌해지는 기분을 매번 느낀다고 한다. 그 순간 몸에 적당한 엔도르핀과 아드레날린이 분비되기 때문이다. 영화 「타짜」에서 김혜수가 화투장을 들 때마다 들었던 기분과 크게 다르지 않다고 생각한다. 운동하는 한 시간보다 오히려 좋은 스트레스 호르몬으로 바꾸는 데 결정적인 시간은 이렇듯 첫 5분이 될 수 있다. 그 순간 우리가 느끼는 감정은 사막을 헤매던 나그네가 오아시스를 발견했을 때의 느낌과 유사하지 않을까. 그걸 바탕으로 나쁜 스트레스를 좋은 스트레스로 바꿀 수 있는 한편, 인생의 반전이 얼마나 소중한지 알게 된다.

누구나 편히 할 수 있는 걷기도 좋은 취미가 될 수 있다. 사무실에서 일하는 사람들의 경우 하루 30분 걷기만으로도 스트레스로 인한 몸과 마음의 찌꺼기를 해소하는 데 충분한 운동이 될 수 있다. 특히 50대부터는 제대로 걷는 것만으로도 운동 효과를 볼 수 있다. 실제 한국보건사회연구원의 2015년 보고서에 따르면 주 1회 이상 30분 걷기 운동을 하는 노인은 그렇지 않은 경우보다 매년 125,000원의 치료비가 덜 들어간다고 한다.

취미로 TV나 스마트폰을 시청하거나 컴퓨터 게임을 하는 경우가 있다. 스트레스 해소에 도움이 된다면 크게 부정적이지는 않다. 다만 문제는 중독성이 강하다는 점이다. 예컨대 걷기나 달리기는 웬만하면 1시간 이상을 하기 힘들다. 그러나 온라인 게임의 경우 시작하면 밤을 새우는 경우도 허다하다. 이런 건 오히려 피로 누적에 따른 스트레스 호르몬의 과다 분비를 유발할 수 있다. 적당한 수준의 '알아차림'을 병행할 때 균형감을 유지해 주는 취미가 될 수 있다. 사실 이게 쉽지 않기에 좋은 취미로 추천하기는 힘들다.

명상하기

미국의 대학병원이나 심장병 센터에 가면 명상실이 있는 경우가 많다. 그만큼 명상은 의학적으로도 효과가 입증된 치료 수단이다. 미국 심장협회의 보고에 따르면 고혈압 환자 140명을 대상으로 명상을 6~9개월 실시한 후 뇌 경동맥 경화증의 진전에서 명상 받은 그룹이 유리한 것으로 나타났다.

많은 사람이 활용하는 복식호흡은 단전에 모든 정신을 집중하고 아랫배로 숨을 쉬는 것으로 이때 횡경막의 상하 운동으로 심호흡이 유도되어 많은 산소가 폐로 유입된다. 계속하면 부교감 신경이 활성화되어 근육과 마음에 이완이 온다. 잘 활용하면 큰 도움이 된다.

동양에선 과거부터 명상을 종교적 믿음으로까지 발전시켰다. 명상을 통해 몸과 마음의 평정을 얻을 수 있고 그 과정에서 신의 경지에 오를 수 있다고 생각했다. 과거 서양 의학은 이 같은 동양적 사고를 과학적인 것으로 받아들이지 않았다. 명상을 통해 몸을 치료하고 완벽한 신체적 정신적 상태를 만들 수 있다는 주장에 수긍하지 못했기 때문이다.

그러나 1975년 하버드 의대 벤슨 교수가 처음으로 심신 수련에 따른 이완 효과를 '이완 반응'이라는 과학적 용어로 설명했다. 이후 서양의학에서도 이에 관한 과학적 연구가 본격화되었다. 이에 따르면 이완 반응은 인간이 태초에 갖고 태어난 선천적 능력 중 하나다. 명상을 통해 안정 상태에 이르면 심장 박동이 줄고, 호흡수가 감소하며, 혈압이 내려가고 느린 뇌파를 나타내고, 신진대사가 감소하는 등 일련의 신체 변화가 나타나는데 이를 이완 반응이라고 한다.

명상으로 이완 반응을 유도하면 부정적 스트레스가 줄면서 건강을 유지할 수 있다는 데 최근 서양의학도 공감하고 있다. E형 인간이 되기 위해선 이 같은 명상을 통해 신체를 이완하는 훈련을 할 필요가 있다. 이 같은 명상법으로 필자가 제안하는 게 333 정수 요법이다.

333 정수법을 요약하자면 3분 명상, 3분 정수, 3분 명상의 과정을 하루 3번 실행해 나쁜 스트레스를 좋은 스트레스로 바꾸는 것이다. 누구나 쉽게 할 수 있다. 첫 번째 단계는 3분간 복식호흡이다. 그러면서 마음을 괴롭히는 것에 대해 잊어버리려는 노력을 3분간 한다. 우선 할 수 있다면 조용한 환경에서 편안한 자세로 앉는다. 누우면 졸음이 와서 좋지

않다. 그리고 눈을 감은 뒤 발에서 시작하여 얼굴에 이르기까지 모든 근육을 점진적으로 이완시키며 코로 자연스럽게 숨을 쉰다. 이때 복식호흡을 하면 더 좋다.

중간에 시간을 보기 위해 눈을 떠도 된다. 대신 알람시계 사용은 피한다. 이완이 잘 되었나 못 되었나를 걱정하지 말고 '맡겨버리는 태도'를 유지해야 한다.

그다음 3분은 문제를 구체적으로 들여다보고 마주 선다. '내 성격이 그런 걸 어떻게 하나. 내 운명이니까 받아들이자. 이걸 계기로 다음엔 실수하지 않도록 하자'와 같이 본인에게 이야기하는 것이다. 일종의 자기 최면이다. 사실을 있는 그대로 인정하고 수용하는 것이다. 한자로 '정수整隨'라고 한다. 가지런하게 따르는 것이다. 아등바등해서 바꿀 수 없다. 받아들여야 한다. 그 가운데 동기부여를 해야 한다.

이후 나머지 3분은 다시 복식호흡으로 마무리한다. 이걸 하루 3회 하는 것이다. 몇 주 몇 달 하다 보면 마음이 바뀐다. 내가 경험했고 주변에 있는 환자들도 많이 경험한다.

이 같은 333 정수법은 일종의 인지 치료이고, 명상을 통한 치유다. 사실 30분 명상을 하는 것은 어렵지만 3분은 쉽게 혼자서도 할 수 있고, 9분이면 끝난다. 9분도 힘들다면 각각 2분씩 6분만 해도 된다.

앞서 언급한 하버드대의 벤슨 교수는 더 간단한 명상요법을 이야기한다. 의자 등 아무 곳에서나 앉아 5분만 명상을 겸한 복식호흡을 하면 된다는 것이다. 심호흡 자체만으로도 몸과 정신이 이완된다. 이를 통해 마음도 비울 수 있다. 물론 마음을 비우지 않아도 된다. 필자가 강조하고 싶은 점은 비우도록 노력하되, 그렇지 못할 경우 흘러가는 대로 내버려 둬도 괜찮다는 사실이다. 너무 비우려고도 해도 스트레스를 받게 된다.

종교, 영혼과 교감하기

|

종교는 인간 능력 밖의 일에 대한 강박에서 벗어나게 함으로써 스트레스 상황의 해소에 도움을 준다. 절대자를 가정함으로써 세상 누구도 풀지 못하는 문제의 해결책을 제시하며 사람들에게 안도감을 주기 때문이다.

우선 종교는 인간의 가장 큰 공포이자 스트레스인 죽음에 대한 답을 제시한다. 즉 죽은 뒤 하나님의 나라로 갈 수 있다고 이야기해줌으로써 육신은 죽더라도 영원히 살 수 있다고 말해 준다. 사실 그 세계에 갔다 온 사람은 없다. 그러나 이 같은 종교적 믿음은 죽음의 공포에서 어느 정도 벗어날 수 있게 해 준다. 나이가 들어 종교에 귀의하는 경우가 많은 이유도 같은 맥락이지 않을까.

같은 맥락에서 사랑하는 사람이 영원히 떠난 상황이 몰고 오는 극도의 절망에서 구원받을 수 있다. 하늘나라에서 다시 만날 수 있다는 희망은 삶을 견딜 수 있는 에너지를 제공한다. 그 에너지가 얼마나 강력한지 앞서 몇 차례 언급했

듯이 나 역시 최근 경험했다.

아울러 종교는 명상을 통해 긴장된 몸을 이완하는 습관을 갖도록 해 준다. 기독교 신자들은 예배당에서뿐만 아니라 식사를 할 때마다 기도를 드린다. 식사 전 감사 기도는 몸을 이완 시켜 음식물 소화에도 도움을 준다. 불교의 스님과 신자들 역시 108배나 면벽 수도 등을 통해 마음을 가다듬고 몸을 이완시키는 시간을 갖는다. 그 과정에서 우리 몸의 스트레스 호르몬은 균형감을 찾아갈 수 있다.

아울러 종교 지도자들은 사회적 삶에 균형감을 주는 말씀을 사람들에게 해 준다. 경쟁에서 이겨야 하고, 부자가 되어야 하고, 원하는 바를 반드시 쟁취해야 한다고 이야기하지 않는다. 오히려 정반대의 이야기를 한다. 적당한 선에서 멈추고 내려놓을 수 있어야 한다고 강조한다. 그분들의 말씀을 통해 우리는 삶의 균형감을 찾는다. 그분들의 말씀대로 사회적 성공을 포기하고 남을 위해 희생하는 삶을 살지는 못한다. 그러나 종교적 말씀을 통해 과유불급이 벌어지지 않도록 해 준다. 이게 바로 E형적 삶이라고 할 수 있다.

글쓰기

|

　미국 텍사스 대학 제임스 페니 베이커 교수는 1980년대 후반 성범죄 피해 여성들을 대상으로 글쓰기가 정신 건강에 어떤 영향을 미치는가를 연구했다. 종이에 쏟아낸 단어들이 눈물로 흠뻑 젖었지만 그걸 바탕으로 피해 여성들은 악몽에서 조금씩 벗어날 수 있었다고 한다.

　이런 점에서 글쓰기는 치유의 과정이다. 누구에게 들키지 않고 마음속 깊은 응어리를 녹여가는 과정이다. 직장 상사에 관한 욕을 퍼부어도 좋고, 부모님에게 저항을 할 수도 있고, 속이 후련하도록 남편에 대한 잔소리를 쏟아 낼 수도 있다. 차마 면전에서 하기 힘든 이야기도 마음껏 적을 수 있다.

　이렇게 쏟아내고 나면 한발 물러선 상태에서 나에게 닥친 시련이나 불만, 고난과 덤덤하게 마주 설 수 있다. 상대와의 갈등도 더 쉽게 해결된다. 과도한 스트레스 호르몬을 쏟아내던 트라우마도 엷어지면서 현실에 변화가 발생한다.

　글의 형식은 관계없다. 대체로 일기형식이 편할 것이다.

누군가와 대화하거나 고자질하는 형식으로 글을 써도 관계없다. 오히려 후자가 감정을 쏟아내는 데 더 후련할 수도 있다. 글을 너무 잘 쓰려고 할 필요도 없다. 치유를 위한 글쓰기는 그냥 내 감정을 쏟아내는 것일 뿐이다. 그것이면 충분하다.

기분 나쁘고 불안했던 일들을 있는 그대로 쓰는 것이다. 쓰는 순간 마음이 후련해진다. 그리고 저녁에 다시 보면 불안에서 벗어나서 다른 일을 하는 자신을 발견한다. 며칠 뒤 다시 읽어 보면 '에이 별거 아닌 일로 마음이 상했구나.'라고 생각하며 넘어갈 수 있다. 마인드 컨트롤이 되는 것이다. 이를 통해 불안이 몰고 오는 스트레스를 이겨낼 수 있다.

이렇게 쓴 글을 여러 번 읽어 보면 나 자신의 마음도 정리가 될 뿐만 아니라 나의 고민과 고통이 객관화되기도 한다. 즉 제삼자의 눈으로 보게 된다. 감정호흡이 마음의 흐름을 다듬을 수 있다. 이 같은 미세한 변화가 느껴지면 내 몸에 좋은 호르몬이 돌고 있음을 감지할 수 있다. 좋은 호르몬이 돌고 있음을 감지하면서 '아, 내 몸에 엔도르핀이 돌기 시작하는구나.'라고 생각하면 더 많은 호르몬이 분비된다. 이걸 통해서 우리는 나쁜 스트레스를 좋은 스트레스로 바꿀 수 있다.

이를 전이법이라고 한다. 마음에 있는 것을 글로 표현하면 큰 위안을 얻게 된다. 괴로운 일이 있는데 아무에게도 말 못 하고 속으로 앓게 되면 가슴이 답답하고 소화도 안 되고 온몸이 아프다. 반면 시원하게 종이에 털어놓으면 가슴이 후련해지는 걸 느낀다. 그 순간 긍정 호르몬이 몸에 분비된다.

나아가 두려움도 사라진다. 쥐를 무서워하는 사람에게 쥐를 자꾸 그리게 하면 쥐가 덜 무서워진다고 심리학자는 말한다. 쥐를 그림으로써 쥐에 대한 공포심이 빠져나간다. 따라서 두려운 존재를 종이에 적어볼 필요가 있다. 예컨대 나에게 공포로 다가오는 시험이 있다면 그에 대한 느낌과 불안을 자유롭게 글로 적는다. 그러면 어느 순간 시험의 공포는 사라진다. 이처럼 표현하는 과정은 정신 건강에 무척 중요하다.

봉사하기

아는 분은 아침에 꼭 본인이 경영하는 식당뿐만 아니라 주변 상가의 인도까지 빗자루로 청소를 한다. 눈이 내리는 날이면 그걸 치우는 게 고역임에도 불구하고 꼭 주변 상가까지 치운다. 왜 사서 남 좋은 일 하냐고 물으면 그분은 '그러면 내 기분이 뿌듯해진다'고 답한다. 남을 위해 일함으로써 내 마음이 상쾌해지는 셈이다. 덕분인지 그분 식당은 장사가 잘되는 편에 속했다.

이렇듯 봉사에서 오는 기쁨이 어떤 건지 느끼는 게 E형을 닮는 데 무척 중요하다. 좋은 일을 하면 복을 받는다는 점을 깨달을 필요가 있다. 겨울이 지나면 봄이 오듯이, 힘든 봉사를 하고 나면 자연은 우리에게 기쁨을 준다. 묘하게도 이게 삶의 균형감이다. 그 진리를 깨닫는다면 힘들고 어려운 상황 뒤엔 희망과 기쁨이 찾아온다는 점을 감각적으로 느끼게 되면서 마음의 평온을 찾을 수 있다.

한국 유니세프에는 아너스 클럽이란 것이 있다. 기부금

1억 원을 내야 가입할 수 있다. 그 가운데 익명으로 기부한 사람이 3~4명 정도 된다고 한다. 남을 위해 기부하지만 드러내지 않는다.

공개적으로 기부를 밝히는 경우보다 이렇듯 밝히지 않은 가운데 멀찍이서 흐뭇하게 보는 사람이 느끼는 희열이 10배 20배 더 크다는 연구 결과가 있다. 사회적 찬사를 받지는 않지만 대신 몸에서 엔도르핀, 도파민이 나오면서 기분이 좋아지는 셈이다. '훌륭한 일을 하셨다'는 주변의 칭찬은 받지 못하는 대신 더 큰 마음의 기쁨을 얻는다.

마더 테레사 수녀는 봉사와 사랑의 아이콘이다. 굶주리고 힘든 사람에게 사랑을 베풀었던 테레사 수녀는 살아 있는 성녀로 불렸다. 그런데 마더 테레사 수녀처럼 남에게 봉사하는 사람들의 모습만 봐도 면역 기능이 높아진다는 실험이 있었다.

1988년에 하버드 대학교 의과 대학에서 실시된 실험에서는 대상자들에게 마더 테레사 수녀의 활동 모습을 보여 준 뒤 면역 항체 수치의 변화를 확인했는데, 수치가 높게 변한 반면 스트레스 지수는 줄어들었다. 직접 봉사에 참여하지 않더라고 누군가 봉사하는 모습만 봐도, 나쁜 스트레스가 좋은 스트레스로 전환되는 것이다. 다른 사람이 봉사하며 선행을 베푸는 것을 보기만 하더라도 신체 면역 기능이 향상된다는 놀라운 결과를 발견한 것이다. 이를 마더 테레사 효과라고 부른다.

직접 봉사 활동을 하는 분들에 관한 실험도 있었다. 미국 한 의과대 연구팀이 했던 실험이다. 통계상 알코올 중독자가 치료될 확률은 22%다. 그런데 자원봉사 활동을 병행해 치료하면 그 확률이 40%까지도 오른다. '남을 위해 나누고 베푸는 사람이 그렇지 않은 사람보다 오래 살 확률이 두 배는 높다'라는 결과도 있다. 5년 동안 432쌍의 장수 부부를 조사한 결과 조사 대상 여성 72%와 남성 75%에게서 봉사활동을 한다는 공통점을 발견했다고 한다.

나는 가능하면 나이가 80이 되어 가지만, 지하철을 타도 웬만하면 자리에 앉지 않는다. 노인이니까 꼭 자리에 앉아야 한다고 생각하지도 않는다. 직장에서 10시간 넘게 일하다 파김치가 된 40대 중년이 오히려 자리에 앉아야 마땅하다고 생각할 때도 있다. 그런 분들이 일어나면서 자리를 비켜주려고 하면 '금방 내린다'면서 사양한다. 그러면 내 기분이 좋아진다. 서서 가는 게 힘들지만, 내 몸에선 그보다 10배, 20배 더 많은 엔도르핀이 분비되고 있음을 느낀다. 아울러 서서 가는 게 건강에도 좋지 않은가. 아직 자리에 앉아야 할 만큼 허리가 아프거나 무릎 관절이 약하지 않다는 사실에도 감사한 마음을 갖게 된다. 필자가 E형 성격을 닮고자 하면서 생긴 변화라고도 할 수 있다.

경제학의 아버지로 불리는 애덤 스미스는 그의 대표작 〈국부론〉에서 이기적 행위는 보이지 않는 손에 의해 이타적 결과를 만들고 이타적 행위는 보이지 않는 손에 의해 이기적 결과를 만든다고 말한다. 산업 혁명 당시 등장한 신흥 계급 부르주아(자본가)는 본인들의 이기적 욕망을 위해 노동자의 고혈을 빨아들이는 악마로 묘사되는 경우가 많았다. 그런데 오로지 자신의 탐욕만을 채우기 위해 혈안이었던 부르주아의 경제활동이 국부 창출이라는 이타적 결과를 만들고 있음을 애덤 스미스는 통찰했고 자본주의 성립의 절대적 근거를 마련했다. 21세기의 풍요는 과거에도 그랬고 지금도 여전히 본인의 이윤 창출을 위해 애쓰는 기업인에 의해 만들어지고 있다.

애덤 스미스 이야기를 꺼낸 이유는 경제학에 관해 이야기를 하고자 함이 아니다. 세상에는 보이지 않는 손에 의해 균형을 맞추는 자연의 힘이 있다는 사실을 말하고 싶어서다. 따라서 이기적이고 자기밖에 모르는 사람은 더 많이 가져갈 것 같지만 자연의 순리는 결코 이를 허락하지 않는다는 것이다.

이타적 행위는 반대다. 남을 배려하고 봉사하고 기부를 함으로써 손해를 보는 게 아닌, 오히려 보이지 않는 손에 의해 이기적 기쁨을 얻게 된다. 이는 곧 이타적 인간이 단순히 남을 위해 희생할 줄 아는 사람이란 뜻을 넘어 순리를 잘 이해하는 한편 이를 바탕으로 더 큰 기쁨을 누리는 방법을 아는 사람이란 의미가 된다. 이 같은 기쁨은 우리 몸에 존재하는 나쁜 스트레스를 좋은 스트레스로 바꾸는 데 중요한 역할을 한다.

마음과 대화하기

세계적으로 저명한 미 M.D. 앤더슨 암센터의 김의신 박사는 암에 걸리지 않고 행복하게 사는 데 가장 중요한 요소로 마음을 꼽으면서, 마음을 편하게 하는 게 중요하다고 이야기한다.

마음은 언제나 열려 있는 대화의 통로이자, 컨설턴트이자, 친구이다. 소리 높여 말하는 법이 없지만 모든 이야기를 들어주고, 문득 답이 적힌 종이를 획 허공에 던지기도 한다. 마음은 나와 함께 가볍고 텅 빈 카트를 끌기도 하고, 손잡이에 살짝 올라타기도 한다.

앞서 정수를 한다는 것도 마음과의 대화이다. 누구에게도 하기 힘든 모든 이야기가 마음에게 쏟아진다. 마음은 절대 그 단어들을 다른 사람에게 옮기지 않는다. 세상에서 나를 배신하지 않을 마지막 존재가 마음이다. 정수와 명상, 그리고 글쓰기가 즐겁고 감미로운 이유는 이처럼 마음과 대화하기 때문이다. 마음과의 대화가 없다면 진정한 정수도 존재할 수 없다.

이 같은 마음과의 대화는 나를 이해할 수 있도록 해 준다. 열 길 물속은 알아도 한 길 사람 속은 모른다. 그만큼 마음은 알기 어렵다. 고요 속의 대화는 마음을 조금이나마 알 수 있도록 해 준다. 아울러 마음과 대화할 수 있을 때 사회생활도 원만하다. 자신의 마음과 충분히 대화한 자만이 다른 사람의 마음을 이해할 수 있기 때문이다. 내가 나의 마음을 알 때 다른 사람 마음도 안다. 이것이 바로 이심전심이다.

더 나아가 마음과 진실로 대화하지 못하면 속마음 터놓을 친구를 찾을 수도 없다. 마음이 담긴 언어가 없기 때문이다. 마음과 대화해본 사람만이 마음으로 말 할 수 있다. 마음이 담긴 말이 그렇지 않은 경우보다 다른 사람에게 더 큰 감동으로 다가간다.

아울러 나도 모르는 내 마음을 친구나 부모가 먼저 알아주는 것도 불가능하다. 가끔 내 마음을 몰라주는 가까운 이들의 태도 때문에 속이 상하기도 한다. 그럴 때 남을 탓하기보다는 과연 그 사람의 마음을 나는 이해하고 있는지, 나는 내 마음에 무엇이 담겨 있는지 알고 있는지 스스로 대화해볼 필요가 있다.

그렇다면 마음의 실체는 무엇일까. 사실 많은 심리학자가 마음의 존재를 인정한다. 때론 '자아'라는 단어가 사용되기도 한다. 그런데 마음 혹은 자아의 실체에 대한 정의가 심리학자의 수만큼 많다. 마음의 본질에 대해 딱 떨어진 답을 내놓는 경우는 없어 보인다.

한국인의 80%는 마음이 가슴에 있다고 답한다. 일본은 그 수치가 절반이다. 나머지 반은 뇌에 있다고 믿는다. 미국인의 경우 뇌에 있다는 비율이 70%로 일본보다 더 높다. 심리학자들의 90%는 마음이 뇌의 작용이라고 말한다.

결국 마음은 보이지 않기에 다양한 해석을 만들어 낸다. 마음의 목소리엔 실체가 없고, 더불어 들어주는 귀도 없다. 사람은 그저 허공에 이야기하고 그 허공이 답을 한다.

그러나 한 가지 확실한 사실은 대화를 요청하는 순간 어김없이 나타나는 존재가 마음이란 사실이다. 그와의 대화에서 사람들은 웃기도 하고 울기도 하고 문제도 해결한다. 이는 내가 누구인지 깨닫는 과정이기도 하다. 사람들은 마음과의 대화에서 진정한 자신을 발견한다.

생각의 균형 잡기

|

영양은 골고루 섭취해도 생각은 편협하게 하는 경우가 많다. 예컨대 내 자식과 남의 자식이 싸우면 당연히 내 자식 입장에 서게 된다. 맞고 들어오면 때린 놈이 나쁜 놈이고 때리고 들어오면 맞은 놈이 맞을 짓을 했다고 생각하게 된다. 내로남불은 내가 하면 로맨스 남이 하면 불륜이라는 뜻이다. 유부남의 외도는 분명 보는 시각에 따라 로맨스인 동시에 불륜이다. 그 사실을 균형감 있게 생각하기보다 내게 유리하게 해석한다.

평균대를 걷는 동안 왼쪽으로 기울어짐을 알아차리면 몸은 자연스럽게 다시 균형을 잡도록 오른쪽으로 움직인다. 오른쪽으로 너무 기울어진 듯싶으면 이번엔 왼쪽으로 움직인다. 그래야 쓰러지지 않고 걸어갈 수 있기 때문이다. 본능이다. 왼쪽으로 기울어져 있음을 뇌가 자각하지 못하면 그대로 쓰러지고 만다.

의식도 마찬가지다. 한쪽으로 생각이 쏠리는 순간 의식적으로 이를 알아차리면 다시 균형을 잡게 된다. '내가 너무 나갔구나'라는 사실을 깨닫는 순간 의식은 균형점으로 돌아간다. 이 같은 알아차림이 중요하다. 기울어져 불편했던 마음이 편해진다.

누군가를 미워하기 시작하면 그 사람의 하나서부터 열까지 전부 미워지는 경우가 많다. 다시 말하면 의식이 갑작스럽게 색안경을 낀다. 나쁜 행동을 해도 밉고, 좋은 행동을 해도 '뭔 꿍꿍이가 있다'며 미워한다.

예전 시골 친척 가운데 유난히 장남을 미워하던 분이 있었다. 열 손가락 깨물어 안 아픈 손가락 없다고는 하지만, 그 표현 방식엔 분명 차이가 있다. 그분의 장남에 대한 표현은 짜증인 경우가 많았다. 그럴수록 큰아들은 더욱 의기소침해졌고 그럴수록 아버지는 그런 아들이 더 못마땅했다. 편견이 있음을 알아차릴 수 있다면 아버지도 장남도 보다 더 원만하게 생활할 수 있을 것이다.

E형 성격을 닮기 위해선 이렇듯 한쪽으로 치우친 상황을 자각함으로써 균형을 잡거나 그 반대편에 있는 반작용 에너지를 역으로 적극 활용할 필요가 있다. 무척 어려운 무엇이 아니라 마음만 먹는다면 누구나 쉽게 할 수 있다고 생각한다.

제6장

|

A형 사회, E형 사회

A형 강요하는 사회

스트레스에 강한 E형으로의 변모에 대한 사회적인 뒷받침이 이뤄진다면 개인들의 노력은 더욱 수월해질 가능성이 크다. 그렇다면 대한민국 사회는 개인들의 E형 닮기를 도와주는 시스템일까. 이에 긍정적으로 답하기는 현재로서는 쉽지 않다. 지난 수십 년간 보여 준 기적과도 같은 경제 성장과 함께 과도한 스트레스에 힘들어하는 사람들의 모습을 보면서 누구나 쉽게 우리 사회가 A형 성격을 닮았다는 사실을 떠올릴 수 있기 때문이다.

대한민국 사회는 성취욕을 권장하고 일에서 완벽해야 한다는 의식이 강하다. 게으른 이들을 강한 어조로 다그치기도 한다. 낙천적인 성향으로 B형 성향으로 볼 수 있는 남미 국가와 비교하면 확연히 구분된다.

A형 사회는 모든 사람에게 더 열심히 일하고 근면하게 살며, 성공하고 출세하는 인생을 살아야 한다고 채찍질한다. 더욱 완벽한 사람이 되고, 그런 사람들에 의해 관리되는 시

스템을 갖춘 국가를 만들어야 한다는 의식이 강하다.

이 같은 문화적 공기 아래서 A형은 물 만난 고기처럼 야망과 꿈을 펼칠 수 있다. 그들의 행동과 성과에 대해 사회는 칭찬을 아끼지 않는다. 공부를 잘해 명문대에 간 학생들, 열심히 운동해 금메달을 목에 건 선수들에게 찬사를 보낸다. 그들은 사회 구성원이 따라야 할 표준 모델이 된다.

반면 공부를 잘 못 하는 학생이나, '즐기면 되지 메달이 중요한 건 아니라고 봐요'라고 말하는 운동선수에 대한 시선은 썩 좋지 않다. A형적 특성 덕분에 대한민국은 경제뿐만 아니라 올림픽 등에서 상위에 올라갈 수 있었다. 그리고 국민은 이에 자랑스러워하고 있다.

그러나 이면에는 그늘이 존재한다. 뒤처진 사람들에게 '너는 왜 최선을 다하지 않느냐'고 다그친다. 더 뛰지 못하겠다는 사람을 보듬고 감싸기보다 '사회적 낙오자'로 낙인찍으면서 우리가 따라서는 안 되는 모델로 만든다. 그걸 통해서 모든 사람을 훌륭하게 만들 수 있다는 생각도 강하다.

그 고통은 통계로 증명되고 있다. 20년 가까이 OECD 국가 가운데 거의 매년 자살률 1위를 기록하고 있다. 2018년 자살자는 총 13,799명으로, 하루 평균 37.8명이 스스로 생명을 끊었다. 10~30대의 사망원인 1위, 40·50대 사망원인 2

위가 자살이다. 코로나로 사망하는 수가 OECD 국가 가운데 적다고 자랑하지만, 이면에는 이렇듯 스스로 생을 마감하는 경우가 세계 최고를 기록하고 있다.

덕분에 비록 선진국 반열에 올랐으나 아이 낳기가 겁이 나는 나라가 됐다. 이는 곧 내 자식에게 물려주고 싶지 않은 나라가 되고 있다는 뜻이다. 이 같은 양면적인 모습은 코로나로 인해 더 극명하게 드러나고 또 심화하고 있다. 겉보기엔 멀쩡해 보이는데 속은 썩고 있다. 그럼에도 본인의 치부를 드러내는 데 자존심 상해하며 애써 감추고 무시하려고 한다. 아울러 더 열심히 뛰면 문제를 극복할 수 있다고 다그치는 목소리도 심심치 않게 들린다. 열심히 뛰지 않아서, 우리가 최선을 다하지 못해서 생긴 문제라고 생각하는 이들도 많은 듯 보인다.

그러나 더 완벽한 A형 사회가 되어야 한다는 주장은 해결책이 아니다. 오히려 반대로 더욱 심각한 사회적 스트레스를 만들어 사람들을 고통스러운 상황에 빠지도록 한다. E형 사회로의 전환이 필요하다. 사회적 변화가 동반될 때 개인의 E형 닮기는 더 수월해지고 효과적일 수 있다. 그래야 대한민국은 숨 쉴 공간이 생기고 극도의 스트레스에서 벗어날 수 있다.

빛나는 K 방역의 빛과 어둠

중앙일보 2020년 10월 25일 자에 따르면 컬럼비아대 국가재난대비센터(NCP)는 미국이 한국처럼 코로나 19에 대응했다면 당시 사망자 대부분을 살릴 수 있었다고 분석했다. 당시 미국 내 코로나 사망자가 20만 명가량이었는데, 한국 방식을 적용했다면 고작 2,799명이 사망했을 것으로 예상했다. 20만 명 대부분이 살았을 가능성이 높다는 이야기다. 아울러 캐나다 방식으로 대응했다면 당시 사망자 수가 85,192명, 독일 방식으로 대응했다면 38,457명으로 줄일 수 있었다고 분석했다.

한국의 방역이 얼마나 철저하게 이뤄졌는지 보여 주는 단적인 예다. 개인적으로도 경험했다. 미국에 사는 딸아이 집에 일이 생겨 아내가 방문 후 돌아왔는데, 2주간 집에서 자가 격리를 해야 했다. 나 역시 2주간 꼬박 외부에서 지내는 고역을 면치 못했다. 아내에 따르면 자가 격리에 대한 감시는 철저했다고 한다. 하루에 세 차례 담당 공무원이 수시로 자가 격리를 잘하고 있는지 확인을 하는 등 모든 게 완벽에 가까웠다. 트럼프 대통령 일가족이 멋대로 자가 격리를 어겼던 미국과는 전혀 다른 세계가 한국임은 분명했다.

여하튼 이 같은 통계 자료는 한국이 방역 선진국임을 보여 주는 증거로 활용된다. K 방역이 또 하나의 한류가 되고 있다고 정부 일각에서는 홍보하고 있다. 물론 자랑스러운 성과다. 그러나 세상 모든 일에는 음양이 함께 존재한다. 철저한 방역 이면에는 그에 따른 과도한 스트레스의 양산이라는 부작용이 존재한다.

경기도 공공보건의료지원단이 유명순 서울대 보건대학원 교수팀과 공동으로 '코로나 19 확진자 · 접촉자 인식 조사'를 실시한 결과, 확진자들은 자신의 건강보다 사회적 낙인에 대한 우려가 더 컸다는 결과를 발표한 적이 있다. 응답자들은 '완치되지 못할 수 있다는 상황에 대한 두려움'(2.75점)보다 '확진을 이유로 주변으로부터 받을 비난과 피해'(3.87점)를 더 두려워했다. '내 안전 문제로 무서웠다'(평균값 1.89점)고 느끼기보다 '다른 사람의 안전이 걱정됐다'(2.73점)라고 응답했다.

사실 우리나라 방역이 철저할 수 있었던 이유 가운데 하나는 코로나에 감염됐을 경우 받게 될 사회적 비난에 대한 두려움이었다. 유행 초기 신상 및 동선 공개로 감염자는 여론의 뭇매를 맞았다. 사람들은 감염될 경우 사회적 손가락질 대상이 될 수 있다는 사실을 각인하기 시작했고 이게 방역에 큰 역할을 했다.

언론 보도에 따르면 각 회사의 익명 커뮤니티에는 본인이 코로나 1호 환자로 낙인찍히지 않을까 불안하다는 글이 자주 올라왔다고 한다. '마녀 사냥식'으로 이뤄지는 코로나 확진자에 대한 비난 때문에 사회 복귀 후에도 스트레스를 견디지 못해 극단적 선택을 하는 사람들도 있었다.

요즘 버스나 지하철을 타면 100% 마스크를 하고 있고, 마스크가 코 아래로 내려가면 누군가 다가가 올리라고 지적한다. 나 역시 이 같은 지적을 직접 받기도 했다. 다른 나라에서는 정부 지침에 반대해서 데모하고 난리인데, 우리는 설사 이런 생각을 하더라도 공개적으로 반대하는 경우는 극히 드물다. 그것이 가져올 사회적 집단 따돌림을 직관적으로 이해하고 있기 때문이다.

이 같은 문화가 코로나의 철저한 방역에는 도움을 주었으나 이면에는 코로나 스트레스 과중이라는 문제를 만들었다. 사람들은 코로나란 바이러스에 대한 공포, 여행 운동 등 사회문화 생활의 제약에 따른 답답함의 증가와 더불어, 코로나 환자란 주홍글씨가 새겨지는 건 아닌지에 대한 두려움에 스트레스를 받아야 했다.

이 같은 과도한 스트레스의 양성이란 사회문화적 부작용에 대한 대책 없이 전 세계 표준모델로 K 방역을 이야기한다는 건 낯부끄러운 일이 아닐 수 없다. 속이 썩고 있는 상황에서 겉이 번드르르하다고 자랑하는 셈이기 때문이다. 이제 전염병에 대한 철저한 방역뿐만 아닌 소위 코로나 블루로 대변되는 우리 사회에 존재하는 과도한 코로나 스트레스의 원인에 대한 대책이 필요하다.

근대화의 꿈이 만든 A형 사회

A형 사회는 실상 유토피아와 같은 아름다운 나라를 만들 겠다는 인류의 오랜 꿈과 연관이 깊다. 인류는 철기 시대에 들어서면서 농업혁명을 통해 먹고 사는 문제를 해결할 수 있었다. 그러나 여기에 만족하는 대신 모든 게 완벽한 유토피아를 꿈꾸기 시작했다.

특히 17세기 이후 문명을 발전시킴으로써 유토피아에 도달할 수 있다는 생각이 서양 사회에서 강해졌다. 이게 곧 발전이고 진화였으며, 개화였고 근대화였다. 교육과 훈련을 통해 문명을 개화할 인간 이성을 충분히 만들 수 있다고 생각하면서 모든 사람에게 다그쳤다. 미래의 아름다운 세상을 동경했던 사람들은 기꺼이 노력과 희생을 마다하지 않았다. 공장에서 연구실에서 학교에서 누구보다 열심히 일하고 공부하면서 밝게 깨어난 세상을 만들기 위해 애썼다. 뒤처지는 이들에 대해선 빨리 일어나 앞으로 가야 한다고 독려했다.

이 같은 노력을 바탕으로 인류는 풍요를 누리는 시대에

도달했다. 지난 수백 년 인간은 과거 수천 년 동안 이룬 것과 비교할 수 없을 정도의 성과를 냈다. 휴대전화, 비행기, 자동차 등 과거엔 감히 상상조차 못 했던 도구들을 너무나 당연한 듯이 사용하고 있다. 인류가 이 정도의 풍요를 누리는 세상이 되면 지상 낙원이 될 수 있다고 근대화의 선구자들은 생각했다.

그런데 이상한 일이 벌어졌다. 풍요로운 사회에 도달했음에도 불구하고 인류가 꿈꿨던 유토피아와는 거리가 먼 세상이 만들어졌다. 오히려 갈등과 스트레스가 심한 사회가 태어났다. 두 번의 세계대전과 냉전을 거치면서 서구 사회는 이같은 사회가 결코 유토피아가 될 수 없음을 깨닫기 시작했다.

그 결과 사람들은 물질적 풍요를 넘어 행복하게 살아가는 법을 찾기 시작했다. 물질적 풍요와 정신적 만족의 조화를 이루는 사회를 만들려고 하고 있다. 모든 게 완벽하게 돌아가는 A형적 사회에 대한 꿈에서 벗어나 E형 사회로의 변모를 모색하는 게 아닐까 싶다. 그런 점에서 E형 사회는 우리나라와 같은 A형 국가가 E형적 요소를 사회적 요소로 첨가함으로써 색깔이 변한 사회라고 할 수 있다.

출발이 늦었던 우리나라는 그들이 변화를 모색할 때인

1960년대 비로소 '새 역사의 창조'를 외치면서 근대화를 시작했고, 밤낮으로 일을 했던 덕분에 전 세계에서 손꼽히는 산업화 민주화에 성공한 국가가 됐다. 그러나 21세기 대한민국이 도달한 곳 역시 과거 유럽이나 혹은 1960년대 대한민국이 꿈꿨던 '행복의 나라'는 아니었다. 오히려 더 심각한 여러 문제에 휩싸이고 있다. 아울러 더욱더 완벽한 A형 국가가 된다고 해결되는 게 아니란 사실도 직관적으로 이해하고 있다. 이제 E형 국가로의 전환을 모색해야 할 시점에 서 있다고 할 수 있다.

성인군자 강요하는 사회

유엔 산하 자문기구인 지속가능발전해법네트워크(SDSN)가 전 세계 156개국을 상대로 국민 행복도를 조사한 결과를 담은 '2018 세계행복보고서'에 따르면 1위는 7.632점을 얻은 핀란드가 차지했다. 노르웨이, 덴마크, 아이슬란드, 스위스, 네덜란드, 캐나다, 뉴질랜드, 스웨덴, 호주가 핀란드의 뒤를 이어 10위 안에 이름을 올렸다. E형 사회로의 변화를 모색한 유럽 국가들이 상위를 차지한 게 아닐까 싶다.

반면 동아시아 국가의 순위는 뒤처졌다. 한국은 10점 만점에 5.875점으로 57위에 올랐다. 대만(6.441)이 26위로 다소 높았을 뿐, 싱가포르(6.343)는 34위, 일본(5.915) 54위, 중국(5.246) 86위로 나타났다.

동아시아 국가 전체적으로 행복도가 낮은 이유가 앞서 설명한 늦은 근대화에 따른 문제라고도 할 수 있다. 그러나 이들에게는 공통적으로 또 하나의 과도한 스트레스를 유발하는 요인이 있다. 바로 유교다.

공자는 인仁을 강조하면서 인성을 갖춘 사람이 되어야 하고, 그런 사람들이 모인 나라가 진정한 국가라고 이야기한다. 오래전부터 동양에서는 따라서 바른 마음 바른 몸가짐을 갖는 일이 중시됐다. 이를 잘 실행하는 사람이 칭송을 받았으며, 그렇지 못한 경우 손가락질 대상이 됐다.

사실 공자님 말씀은 좋은 의도로 출발했다. 인간의 선한 본성을 잘 발현함으로써 훌륭한 사람이 함께 어울려 사는 좋은 사회를 만들고 싶었다. 그런데 문제는 공자가 말했던 만큼 인성을 갖추는 게 쉽지 않다는 데 함정이 있다. 인을 갖춘 군자는 도덕적으로 깨끗해야 하고, 너그러워야 하며 동시에 현명하고 지혜로워야 한다. 상황과 배경을 통찰하고, 사람의 마음을 이해한 가운데 모두가 만족할 만한 결정을 내릴 줄도 알아야 한다. 아울러 욕망도 잘 절제해야 한다.

이 같은 성인군자는 사실상 살아 있는 신이고, 상당히 도달하기 힘든 경지다. 그래서 우리는 말은 번듯한데 현실성이 떨어지는 이야기를 '공자님 말씀 같다'고 표현한다. 말로는 가능하지만, 대개 완전한 실천은 불가능에 가깝다.

그러면서 좋은 의도에서 출발한 공자님 말씀은 사람들을 압박하거나 매도하는 용도로 악용된다. 작은 흠집을 물고 늘어질 수 있는 근거로 활용된다. 작은 잘못이 드러나는 순간 낙인이 가능한 탓이다. 그 낙인을 피하는 방법은 공자가 말한 완벽한 인간이 되는 게 아닌 결점을 끝까지 감추는 것이다. 위선과 가식이 증가할 수밖에 없다. 이 같은 위선은 때론 새로운 스트레스를 유발한다. 우리가 가진 문화적 유산의 단면이 여기에 있다.

예절에 대한 지나친 스트레스

공자의 목표가 한국에 들어오면서 예의에 관해 조금 더 극단적으로 바뀐다. 같은 동아시아 유교 문화권에서도 나이에 따른 예절과 존댓말을 포함해 대한민국만큼 예의와 범절을 강조하는 나라는 없다. 실제 중국을 처음 방문했을 사람들은 사회주의 국가임에도 불구하고 우리보다 자유로운 문화에 놀라곤 한다. 일단 존대도 존칭도 거의 없고 서양처럼 주로 이름을 부른다.

한국이 특별해진 이유는 예의를 강조하는 독특한 조선 성리학 때문이다. 조선 성리학의 대가 율곡 이이는 내용과 형식이 묘하게 얽혀 있기 때문에 형식을 바르게 함으로써 내용이 잘 채워진다고 주장했다. 여기서 말하는 형식이 바로 예절이다. 부모에 대한 효는 인간이 갖춰야 할 내용인데, 매일 아침 문안 인사를 드리고 돌아가시면 3년 상을 치르는 눈에 보이는 형식의 올바름을 통해 가능해진다고 주장했다.

우리가 상식처럼 이야기하는 '예의 바른 놈이 일도 잘한다'나 '보기 좋은 떡이 먹기 좋다'는 말은 이 같은 철학에 뿌리를 두고 있다. 반면 아무리 일을 잘하고 능력이 출중해도 '예의 없는 놈'으로 찍히면 만사가 고달프다.

예와 형식에 대한 집착은 16세기 임진왜란과 병자호란을 겪으면서 더 강해졌다. 도덕적 우위에 있다고 생각한 조선은 도덕 국가의 완성만이 오랑캐인 청나라와 일본에 당한 수모를 갚고 멸망한 명나라의 유교적 본류를 계승하는 길이라고 생각했다. 이는 엄격한 예치로 나타났고 스스로 도덕적 문화 국가를 완성했다고 믿으면서 '동방예의지국'을 선언했다. 예의와 예법을 엄격하게 준수함으로써 인간 본성을 누구보다도 잘 발현하는 나라가 됐다고 자부했다.

그러나 예의에 집착하면서 알맹이는 사라지고 껍데기만 남은 경우가 비일비재했다. 소위 허례허식이다. 껍데기를 잘 다듬으면 알맹이도 채워질 수 있다고 믿었지만, 껍데기만 단단해졌을 뿐이다. 그리고 그 단단한 껍데기는 오히려 속을 채우는 걸 방해했다. 예의 바르면 일도 저절로 잘하게 된다고 믿었던 생각은 반대로 아무리 일을 잘해도 예의가 없으면 쓰레기가 되어야 하는 문화를 만들었다. 반대로 윗사람을 깍듯하게 잘 모시면 능력과 관계없이 승승장구하기도 했다.

이 같은 예치禮治는 우리 사회에 여전히 스트레스의 중요

요인으로 작용하고 있다. 과거 농경사회와 달리 현대 산업사회는 사회 구조가 복잡한 탓에 예의를 갖추는 일이 쉽지 않은 경우가 많은 탓이다. 예컨대 예전 농경 사회에서는 한 동네에 수십 년 함께 사는 경우가 많았지만, 지금은 각지에서 온 사람이 모여서 공동체를 이룬다. 그 안에서 호칭 등에 관해 어떤 예를 갖춰야 하는지 난감한 경우가 자주 발생한다.

그럼에도 불구하고 직장이나 사회에서 일을 잘하는 것만큼 예의를 잘 갖추는 일은 여전히 중요하다. 버릇이 없다고 찍히면 일을 아무리 잘해도 승진은 고사하고 취직도 어렵다. 아울러 예의 없음을 빌미로 상대방을 쉽게 짓밟는 문화도 여전하다. 앞의 보도처럼 '젊은 놈이 대든다'라거나 '너 몇 살이야'라는 한마디로 상대를 제압하려 든다.

이렇듯 예의로 가득 찬 생활은 꽉 긴 바지를 입고 있는 것과 같은 스트레스를 제공한다. 사람이 늘 예의 바르게 행동하는 건 쉽지 않다. 늘 조심하고 긴장해야 한다. 잠깐의 실수가 벌어지기라도 하면 기다렸다는 듯이 버릇없는 놈이란 낙인을 찍어버리는 이들이 등장한다. 그걸 만회하기 위해서는 또다시 많은 노력을 해야 한다.

이렇듯 근대화를 향한 사회와 개인의 치열한 삶, 훌륭한 사람이 되기 위한 공자의 길, 공자님 말씀을 실현하는 방식으로 채택된 예의범절로 대변되는 사회적 특징은 강한 국가를 만드는 데 일조했으나 부작용 또한 상당했다는 점을 부인할 수 없다.

특히 예의와 범절은 권력이 없는 사람이 권력이 있는 자에게 갖춰야 하는 경우가 많다. 따라서 나이, 직급 등이 쉽게 계급이 된다. 우리 사회에 존재하는 갑질은 실상 피권력자에게 합당한 예의를 강요하며 휘두르는 칼인 경우가 많다.

A형 특징을 완전히 버릴 수는 없다. 그러나 분명 E형적 요소를 투입함으로써 더 말랑말랑하면서도 유연한 사회가 될 수 있다. 그런 사회가 곧 E형 사회가 아닐까. 더 열심히 노력하라는 채찍질이 아닌 조금 더 욕심을 내려놓아야 한다고 말하고 싶다. 내려놓을 때 비로소 우리는 조금 더 인간답게 살 수 있지 않을까.

나의 행복이 중요하다

경주마처럼 앞만 보고 달리던 문화에 반전이 필요하다. 사실 그동안 아침부터 밤늦게까지 열심히 일하는 사람이 가정과 국가의 자랑처럼 생각됐다. '밥 먹을 시간도 없이 바빠요'라고 말하는 사람이 일을 제대로 하는 사람처럼 취급받았다. 분명 그 에너지는 전쟁 폐허에서 대한민국을 일으키는 힘이었으나 이제 과도한 스트레스를 만드는 원인으로 작용하고 있다.

왕 혹은 국가에 충성하는 삶이 더 높은 가치를 부여받던 시대가 있었다. 대를 위해 소를 희생하거나 내 몸을 소비할 줄 알아야 했다. 개인 행복을 이야기하는 사람에게 이기주의자라는 낙인을 찍기도 했다. 그 희생이 유토피아를 앞당긴다고 믿었다. 이 같은 굴레에서 벗어나는 게 지금 우리에게 필요한 자유이자 행복의 길이 될 수 있다.

행복을 삶의 중심에 놓는다는 게 늘 행복한 유토피아적 인생을 산다는 뜻과 같지는 않다. 그건 불가능하다. 죽고 싶을 정도로 힘든 날도, 행복한 날도 늘 함께 존재할 수밖에 없다. 대신 행복한 순간을 소중하게 생각할 필요가 있다. 그 안에서 느끼는 감정을 정면으로 마주한다. 어려움 안에서도 기쁨을 찾는다. 문득 찾아오는 행복한 순간을 소중하고 중요하게 받아들인다. 이는 곧 미래가 아닌 지금의 삶에 집중하는 것이다.

공부를 잘하고 좋은 직장에 취직하면 좋다. 그러나 모든 사람이 우등생이 되고 좋은 곳에 취직할 수는 없다. 공부 잘하는 게 정답도 아니다. 아울러 공부를 못 해도 인생을 살고 삶을 즐길 권리가 있다. 각자의 삶을 주어진 대로 즐기면 된다.

예전 운동선수들을 보면 전쟁을 치르는 병사의 모습으로 훈련과 경기에 임하는 경우가 많았다. 군인 정신으로 무장해 악착같이 노력하고 싸워야 이길 수 있다고 생각했다. 반면 즐기는 것에 대해 거부감이 있었다. 즐긴다고 말하면 논다고 생각했다. 사람들은 주눅 들었고 재미는 반감됐다.

이제 즐기면서 해야 한다고 말한다. 즐기는 사람을 이길 수 없다고도 한다. 이렇듯 즐기기 위해선 너무 타인의 시선과 정답에 신경 쓸 필요가 없다. 반대로 내 몸에 맞는 방식을 타인에게 강요할 필요도 없다. 나의 정답이 타인에게 꼭 정답일 수는 없다.

보다 자기 생각과 감정에 솔직할 필요도 있다. 혼자 편하게 밥 먹는 게 좋다면 그러면 된다. 꼭 어울려서 먹을 필요가 없다. 세상 평가에 끌려다니거나 다른 사람 생각에 맞출 필요도 없다. 모든 사람이 된장찌개를 먹는다고 김치찌개 먹고 싶은 마음을 접을 필요가 없다. 내가 원하는 걸 주문하고 먹으면 된다. 그래야 밥 먹는 순간을 즐길 수 있다.

이제 일과 삶의 균형을 보다 생각하는 시대에 들어섰다. 가족과 함께하는 시간을 일만큼 소중하게 받아들인다. 남성들에게 육아휴직도 권장하고 있다. 열심히 일할 때도 있고 그 뒤엔 편안한 휴식이 필요하다. 이 같은 사회가 E형 사회가 아닐까.

꼬리가 몸통을 흔들지 않기

조선 시대 유학자들은 예의와 범절을 엄격하게 지킴으로써 공자가 말한 완벽한 인간을 완성할 수 있다고 생각했다. 이 같은 철학을 바탕으로 동방예의지국을 추구했고, 열심히 이를 따른 결과 세계 어느 나라보다 예의가 엄격한 나라가 됐다. 그런데 이에 따른 부작용은 많은 스트레스를 양산했다.

예의에서 조금이라도 벗어나면 비난을 받기 일쑤였다. 말한마디 싹수없이 한 죄로 천하의 몹쓸 놈이 된다. 꼬리가 몸통을 흔들어 버린다. 그걸 피하기 위해선 완벽한 인간이 정말 되거나 아니면 위선의 가면을 잘 쓰고 추한 구석을 철저히 숨겨야 했다.

모든 과정이 큰 스트레스로 사람들에게 다가온다. 텔레비전에 등장한 연예인은 개그맨까지도 말 한마디 한마디('짧은 말' 또는 '간단한 말') 조심해야 한다. 이 같은 엄격하고 이상적인 국가에 대한 지향성은 A형 성격의 사회를 만드는 집단 무의식으로 대한민국의 문화 속에 내재화됐다.

이 같은 문화는 코로나의 예방뿐만 아니라 임금과 같은 존재였던 대통령을 중심으로 모든 사람이 혼연일체가 돼 근대화와 민주화를 성공시키는 데 큰 도움을 주었다. 그러나 그 과정은 즐거운 여행이었다기보다 피나는 전쟁이고 투쟁이었다. 새 역사를 창조했지만, 그곳은 지상 낙원이나 무릉도원이 아니었다.

이제 뒤돌아봐야 할 시점이 됐다. 조용한 명상을 통해 우리가 한쪽으로 서서히 침몰해가는 배의 모습일 수 있음을 깨달을 필요가 있다. 더욱더 예의를 강조하고 인성을 갖춘 사람이 되어야 한다는 채찍질은 문제를 해결하기보다 부작용을 만든다.

그런 점에서 예의에 대한 특징적 문화를 유지하더라도 꼬리가 몸통을 흔드는 일은 없어야 한다. 모든 사람이 완벽한 성인군자가 되어야 한다는 문화적 지향점을 내려놓지 못하더라도 작은 흠집을 핑계 삼아 사람을 쓰레기처럼 만드는 일은 없어야 한다.

대한민국 정치에서 네거티브 공세가 잘 먹히는 이유도 리더는 언제나 정답이어야 한다는 생각 때문이다. 오류 하나를 찾으면 100점이 아니란 뜻이고, 결국 틀려먹은 사람을 만들어 버릴 수 있다. 꼬리가 몸통을 흔들어 버린다. 한쪽은 집요하게 작은 흠이라도 찾으려고 애쓰고, 다른 쪽은 모든 걸 감추고 또 감추려고 할 수밖에 없다.

이런 문화 탓에 언론은 침소봉대를 자주 한다. 작은 흠을 찾아 부풀린 뒤 5점을 깎아야 할 문제로 몸통을 흔들어 버린다. 언론의 무서움이 여기에 있다. 일을 많이 할수록 실수가 생길 가능성이 큰데, 그 순간을 기다리고 있다 잡아 흔드는 예도 있다. 더 잘하라는 채찍의 역할이라면 관계없다. 그러나 쓰레기를 만들어서는 안 된다.

이는 완벽한 사람과 사회를 만드는 대신 상당히 과중한 스트레스를 사회에 쏟아낸다.

물론 예의 바른 문화를 무너뜨릴 필요는 없다. 올바른 인성도 중요하다. 예의를 바탕으로 좋은 인성이 함양되는 측면도 분명 존재한다. 문제는 그걸 절대화할 때다. 모든 걸 예의 하나로 도매금으로 처리할 때다. 그건 정확한 판단이 아닌 편견이다. 내용은 무시하고 형식으로 모든 걸 재단하는 실수를 범하는 경우도 생긴다. 필요한 게 균형감이다. 그랬을 때 과거의 긍정성을 계승하면서도 그 긍정성이 도그마가 되는 불균형을 범하지 않을 수 있다.

완벽보다 균형

마음의 균형을 잡는다는 건 흔들림 없이 본인의 길을 가거나, 평정심을 유지하거나, 중용을 지킨다기보다 좌우로 흔들리는 가운데에도 한쪽으로 쏠려 넘어지지 않는 것이다. 스트레스받는 상황이 없게 하는 게 E형 성격이 아니다. E형 유형은 스트레스를 적절하게 이용하는 한편 스트레스가 나쁜 영향을 미치는 순간 위험을 알아차리고 물꼬를 바꿔주는 데 능수능란한 사람이다. 의식과 행위는 편견과 아집에 빠질 수밖에 없고, 좌고우면할 수밖에 없지만, 그 기울어짐을 깨닫고 교정하는 게 곧 균형이다. 어쩔 수 없다. 뒤뚱거리면서 앞으로 가야 한다.

같은 맥락에서 균형 사회는 모든 성원이 늘 조화롭게 살아가는 사회도, 보수와 진보가 화합하는 사회도 아닌 '결과적으로' 조화를 이루는 사회라고 할 수 있다. 싸움과 갈등이 이어지면서, 사회는 모순과 부조리가 팽배한 과정을 지나가게 된다. 그러나 결과적으로는 균형점으로 움직일 때 사회적 균형은 유지가 가능하다.

이를 위해서는 한쪽으로 쏠리는 순간 반대편으로 움직여 균형을 잡을 수 있어야 한다. 극단주의자는 본인의 이념이 세상을 지배해야 아름다운 세상이 된다고 믿는다. 그러나 스트레스가 극도로 가중되는 사회가 될 뿐이다. 스트레스가 과하다 싶으면 반대편으로 움직일 수 있어야 한다.

예컨대 트럼프에 의해 극우주의가 강해지는 순간 미국 사회는 민주당 바이든을 새로운 대통령으로 뽑아 균형을 잡아간다. 이런 게 E형 사회일 것이다. 위험스럽게 뒤뚱거리지만 기울어짐을 알아차림으로써 교정을 한다.

한국 사회는 앞으로 잘 달려가는 듯싶지만 실상 한쪽으로 쏠리면서 쓰러지기 직전에 있다고 할 수 있다. 쓰러지지 않기 위해 더 빨리 달려야 한다고 말하기도 하지만 그럴수록 쓰러졌을 때의 충격은 커질 수밖에 없다.

그런 점에서 이제 균형감이 중요하다. 나쁜 스트레스를 감수하고 앞으로 달려가기보다 이를 좋은 스트레스로 바꾸는 반전이 필요하다. 미래를 위해 오늘의 고통을 감수하라고 채찍질하기보다 지금 당장 내 몸의 나쁜 스트레스를 없애기 위한 노력이 필요하다. 이 같은 노력을 개인에게 전부 떠넘겨서는 안 된다. 나쁜 스트레스를 제공하는 사회 문화를 바

꿰야 한다. 그래야 E형 성격으로 변화하려는 개인적 동기 부여가 힘을 받을 수 있다.

A형 사회를 유지해온 대한민국은 그런 점에서 B형적 특성을 섞어 줄 필요가 있다고도 할 수 있다. 그걸 바탕으로 균형감을 맞추고 나쁜 스트레스를 좋은 스트레스로 바꿀 수 있다. 사실 우리나라에는 다른 나라에는 없는 화병이라는 게 있다. A형과 D형은 화를 잘 내서 화병에 걸리고 C형은 화를 너무 참아 화병에 걸린다. 여유가 부족한 탓이다. A형 사회 문화에 여유라는 요소를 투입할 때 E형 사회가 될 수 있다.

E형 사회, 다양한 성격의 조화

E형 사회는 모든 사람이 E형으로 바뀌는 사회라기보다 각기 다른 성향의 사람들이 서로를 배척하기보다 함께 조화를 이루는 사회다. A형과 B형은 전혀 다른 사람이다. 따라서 상대의 단점을 찾자면 물과 기름처럼 어울리기 힘들다. 그러나 어떤 태도를 상대방에 대해 갖느냐에 따라 시너지를 만들 수 있고, 그걸 바탕으로 E형 사회의 모습을 만들 수 있다. 이게 곧 다양성의 조화다. 모두가 A형 성격이 되어야 하고, 그렇지 못한 이들을 질책하는 사회와 확연히 구분된다.

A형이 볼 때 사실 B형은 무책임하고 게으르게 보일 수 있다. 그걸 비판하면서 A형 인간이 되어야 한다고 주장하는 대신 상대를 인정하는 가운데 서로의 장점을 살려 어울려 살 필요가 있다. 예컨대 B형 성격은 A형 성향이 갖지 못한 장점이 있다. 사람을 편하게 해 준다. B형의 사람을 만나, 그의 긴장감 없는 행동에 스트레스를 받기보다 편하게 사람을 대하는 장점을 배우려고 노력한다면 본인의 변화에도 큰 도움

을 받을 수 있다.

B형 역시 마찬가지다. 늘 긴장한 상태에서 살아가는 A형 성향의 사람이 안쓰럽게 느껴질 수 있다. 그러나 그를 통해 인생의 긴장감을 얻을 수 있고, 이를 바탕으로 더욱더 많은 걸 성취하면서 큰 행복감을 느낄 수도 있다.

실제 우리 집의 경우 필자가 전형적인 A형이고, 아내는 B형이었다. 오래 살다 보니 서로가 닮아가면서 내가 E형 성향으로 바뀌는 데 많은 도움을 받았다. 아울러 나와 다른 상대를 비난했을 때보다 더 행복한 삶을 살았다고 확신한다.

필자가 아는 의사 분은 전형적인 B형인데 병원을 개업한 뒤 승승장구하다 밑에 직원이 돈을 전부 빼돌려 도망가는 바람에 병원 문을 닫는 지경에 이르게 됐다. 다행인 것은 그의 부인이 전형적인 A형 성격이었다. 사고가 난 뒤 병원 회계를 도맡아 하면서 서서히 문제를 극복해 가고 있다. 본인 역시 조금씩 자신의 천하 태평인 성격을 바꿔가고 있다고 한다.

B형 성향으로서 A형 성향의 사람들을 잘 활용해 성공한 대표적인 경우가 한나라를 세운 유방이 아닐까 싶다. 유방은 천하 태평한 사람이었고, 심지어 황제가 되어서도 한문을 제대로 읽지 못할 정도로 배우는 데 관심이 없었다고 한다. 대신 이 같은 그의 성격 탓에 마음이 넓었고 지독한 A형 성향

으로 보이는 한신이라는 명장을 품을 수 있게 되면서 천하 통일의 대업을 달성했다. 같은 맥락에서 내가 A형 성향의 최고경영자라면 B형 성향의 사람을 옆에 세워 부족한 점을 보충해주거나 필요한 걸 배울 수 있다.

결혼 전 우리는 궁합이란 걸 본다. 부부가 잘 맞는지 판단하기 위해서다. 성격의 궁합도 볼 필요가 있지 않을까. 상대가 어떤 성향인지 이해할 때 부부생활이 더욱더 원만할 수 있다. 예컨대 부인이 B형 성향임을 알고 있다면 천하 태평한 성격에 대해 윽박지르기보다 내 약점을 보완해 주는 시너지로 활용할 수 있다.

부부가 전부 A형이면 날카롭게 대립할 가능성이 크지만 서로 A형임을 알게 된다면 더욱 조심하고 이해하는 마음을 가질 수 있다. 그 과정을 통해 곧 E형 닮기가 될 수 있다. 예전 순풍산부인과에 등장했던 미달이 엄마 아빠의 경우엔 전형적인 B형 성격의 부부라고 할 수 있는데, 이 같은 경우 큰 욕심을 부리지만 않는다면 불만 없는 삶을 살 수 있지 않을까 싶다.

80점에 만족하기

100% 완벽하게 맡은바 소명을 다하겠다는 목표는 좋다. 노력할 필요도 있다. 그러나 결과가 80%라고 자책할 필요는 없다. 핀잔을 주거나 물고 늘어져서도 안 된다. 그 정도면 잘했다고 생각해야 한다. 모든 순간 100%를 이루는 건 불가능한 환상이다. 100점을 목표로 해야 간신히 80점 정도 할 수 있는 게 인생이다.

그런 점에서 완벽한 사람이 모인 세상 역시 유토피아적 몽상이다. 100점을 맞는 사람이 있으면 낙제도 있다. 100점인 순간이 있으면 때론 50점도 나온다. 낙제가 반대편에 있기에 100점도 존재한다. 어제 100점이었던 사람이 오늘 50점이 될 수도 있다.

100점에 대한 환상은 100점처럼 보이려는 위선을 만든다. 80점인데 20점을 변명으로 채워 100점을 만든다. 80점인 이유를 남 탓으로 돌리기도 한다. 완벽한 척 위선의 가면을 써야 한다. 불필요한 스트레스를 유발한다.

100%가 사회적으로 중요한 가치관이 되면 사람들은 부족한 20점을 물고 늘어진다. 20점이든 80점이든 90점이든 100점이 아닌 건 마찬가지인 탓이다. 작은 틈을 집요하게 파고든다. 100점이 아닌 탓에 불량품이라고 매도당한다. 80점도 잘했는데, 틀렸다고 비난한다. 박정희가 독재했기에 그가 이뤘던 경제 개발의 성과도 의미 없다고 말한다. 박정희를 100점 만점으로 신격화하는 주장도, 잘못을 문제 삼아 불량품으로 매도하는 주장도 본인 뜻에 맞게 사실을 포장하는 정신승리일 뿐이다.

박정희도 노무현도 20점 모자란다. 그렇다고 빵점 취급할 필요가 없다. 100점이라고 우길 이유도 없다. 80점으로 인정하면 된다. 잘한 일은 잘한 대로 못 한 일은 못 한 대로 받아들이면 된다. 그래야 상대방을 향해 100점이 아니니까 빵점이라고 삿대질하는 대립에서 벗어날 수 있다. 80점만 해도 잘했다.

프로야구팀이 100% 승률을 올릴 수 없다. 80%의 승률을 올리면 무적이라고 말한다. 승률 7할만 되도 최강팀이 된다. 열 번 싸워 두세 번 져도 1등이다. 세 번 싸워 두 번 이기고 한 번 지면 최강이다. 이게 현실이다. 박정희나 노무현이나 그런 점에서 둘 다 훌륭한 대한민국의 대통령이다.

물론 작은 흠도 문제는 문제다. 그걸 지적하는 건 필요하다. 다만 5점 정도 깎는 데 사용해야 한다. 문제가 있다고 쓰레기통에 버려서는 안 된다. 자원 낭비다. 사과에 벌레 먹은 흠이 있으면 그걸 도려내고 먹어도 된다. 먹는 데 아무 지장이 없다.

갖고 있는 99마리 양보다 잃어버린 한 마리 양에 사람들이 더 목을 매단다고 예수께서는 안타까워하셨다. 채우려는 개인적 욕심도, 사회적 욕망도 내려놓아야 한다. 그래야 과도한 스트레스로 사람들이 쓰러져 나가는 안타까운 일들이 줄어든다. 80점인 자신에 대해 20점 부족하다고 부끄러워할 필요가 없다.

스트레스, 더 이상 개인의 문제가 아니다

이제 스트레스를 사회 문제로 생각할 필요가 있다. 개인의 문제가 아니다. 심신이 미약하거나 의지가 부족해 발생하는 게 아닌 A형 사회라는 거대한 수레가 근본 원인임을 인정해야 한다. 그런 가운데 사회적 해결책을 모색해야 한다.

청소년은 진학 스트레스와 학교 폭력, 청장년층은 경제 생활, 노년층은 질병과 빈곤이라는 사회적 한계 상황이 스트레스를 만들고 때론 극단적인 선택을 하도록 만든다. 비방과 비난으로 도배된 SNS는 유명인들을 겨냥한 죽음의 덫이 됐다. 이제 이 같은 스트레스에 대한 사회적 대책이 필요하다. 개인의 문제를 넘어 원인이 사회라면 해결책도 사회 안에서 찾아야 한다.

특히 코로나 사태는 스트레스에 따른 정신 건강 악화를 보다 심각한 사회 문제로 만들고 있다.

국회예산정책처 보고서에 따르면 코로나가 한창이던 2020년 상반기 건강보험 진료비 증가율은 최근 3년 평균 증가율(9.5%) 대비 9.2% 낮은 0.3%에 그쳤다. 코로나 19 검사로 인한 병원 수요가 늘었음에도 그 외에 병원을 찾는 환자들이 대폭 감소해 전체 의료 이용은 줄어든 것이다.

대부분의 진료과가 수요 감소를 겪고 있지만 유독 정신과는 진료비와 진료 인원, 내원 일수가 모두 늘어났다. 2020년 상반기 정신과 진료비는 전년 대비 20% 가까이 증가했고, 입내원 일수와 진료 인원도 각각 10% 정도 늘었다. 타진료과에서 진료비와 진료 인원 등이 전년보다 오히려 감소했다는 점을 고려하면 이 같은 증가세는 대단히 이례적이라 할 수 있다. 실제로 소아청소년과의 경우 진료비는 40%, 입내원 일수는 50%가량 줄었고 이비인후과의 경우 각각 20% 이상, 30% 이상 감소했다.

질환별로 비교해도 정신질환의 건강보험 진료 증가율이 단연 두드러졌다. 급성 세기관지염이나 중이염 같은 질환은 2019년 상반기 대비 진료비는 약 40%, 입내원 일수는 50%가량 줄었지만, 수면 장애와 우울증의 경우 진료비는 약 10%, 입내원 일수는 5%가량 늘었다.

보건복지부 정신 건강복지센터 일반 상담 건수를 따져봐도 불안 장애의 경우 2020년 상담 건수(18,931건)가 지난해 같은 기간(13,067건)에 비해 44.8% 늘어난 것으로 나타났다. 현재 추세대로라면 하반기 상담 건수까지 합산해 2019년과 비교할 경우 증가율이 50%를 넘어설 수 있다는 전망이 나온다. 따라서 스트레스를 국가적 차원에서 관리할 필요성이 대두되고 있다.

중요한 스트레스 요인이 작용하는 연령대에 정신 건강검진을 실시하여 전全 생애에 걸쳐 발생하는 스트레스 관리가 필요하다. 예컨대 진학, 취업 등 심각한 스트레스 요인이 발생하는 시기에 정신 건강검진을 통해 스트레스 요인을 조기에 발견 및 치료할 필요가 있다. 스트레스가 심각해지기 전에 관리할 수 있도록 지역 사회의 공공 의료자원을 연계하여 스트레스 관리기관으로 지정 주민의 접근성을 제고해야 한다.

의학적 접근 외에 일상적으로 스트레스를 관리할 수 있는 매뉴얼을 대상별 상황별로 개발·보급할 필요가 있다. 스트레스는 일상적으로 발생하므로 언제 어디서나 활용 가능하고 쉽게 실천에 옮길 수 있도록 매뉴얼을 개발 보급해야 한다. 예를 들면 장시간 회의로 인한 스트레스를 줄이기 위한 회의 매뉴얼 등이다. 그런 점에서 E형 모델은 큰 도움이 될 수 있다.

스트레스 산업의 육성을 위해 직접 관리, 혼합 관리, 간접 관리 등의 체계적인 대책이 필요하다. 스트레스 직접 관리 관련 산업 육성을 위해 공공은 전통적인 정신 치료 지원 체계를 구축하고 기업은 사내 스트레스 해소 시스템을 지원할 필요가 있다. 혼합 관리 관련 산업 육성을 위해 예술 치료 등 심리 치료 사업의 마케팅을 지원할 필요도 있다.

"건강을 잃으면 모든 것을 잃는 것이다"란 말이 있다. 이 말은 개인뿐 아니라 국가와 지역에도 동일하게 적용된다. 주민이 건강하지 못하면, 지역은 모든 걸 잃는다. 특히 저출산·고령화 시대에 건강의 중요성은 더욱 크다.

기본적인 삶의 질을 유지하기 위해서는 경제가 뒷받침되어야 하는 건 물론 필수적이다. 그러나 돈이 있다고 모두가 행복해지는 건 아니다. 그보다 더 소중한 본질적 가치가 있다. 그 가치에 주목하는 것이 바로 E형 사회이다. 특히 현대 사회는 정신 건강의 문제에 더욱 집중할 필요가 있다.

정신 건강, 치료보다 예방

오랜 시간 의학은 특정 질병의 원인을 밝히거나 징후를 치료하는 것에 관한 과학적 연구에 집중했다. 그리고 그 원인을 밝히면 질병을 완벽히 퇴치할 수 있다고 생각했다. 덕분에 결핵이나 천연두와 같은 특정 질병의 원인이 밝혀졌고, 그에 대한 특수 치료법을 개발하면서 근본적인 대처가 가능해졌다. 그러면서 인류는 큰 꿈에 부풀기도 했다. 즉 질병을 정복할 수 있는 날이 올 수 있다는 것이다.

그러나 곧 한계에 부딪혔다. 예컨대 심장병의 경우 막힌 혈관을 우회시키는 수술법을 개발해 일시적으로 환자의 생명을 살려놓을 수는 있지만, 환자가 계속 담배를 피운다거나 콜레스테롤이 높은 음식을 섭취하면 심장 혈관이 다시 막히게 돼 병이 재발한다. 이렇듯 습관을 바꾸는 노력을 하지 않으면 병은 언제든 재발할 수 있고 근본적인 치료가 불가능해진다.

우울증과 같은 스트레스성 질환도 마찬가지다. 약물 치료를 바탕으로 호르몬 분비를 조정해 스트레스 호르몬 과다에 따른 문제를 단기적으로는 해소할 수 있다. 바닥에 쏟은 물을 닦아는 줄 수 있는 것이다. 그러나 또다시 바닥에 쏟아지는 걸 막을 수는 없다. 이것은 각자의 노력이 필요하다.

이런 맥락에서 현대 의학은 과학적 발견과 치료법의 필요성과 함께 생각 감정 행동 등의 심리적 요인들이 건강에 직접적인 영향을 미친다는 점에 동의한다. 아울러 이것은 환자 스스로 해결해야 할 몫이다. 의사가 마음을 편하게 먹고 무리하지 말라고 조언할 수 있지만, 그와 같은 사람을 만들어 놓을 수는 없다. 여기서 의학은 다시 겸손해져야 함을 깨닫게 된다. 결국 병을 고치는 것은 의사가 아니라 환자 본인이라는 점이다. 의사는 급한 불을 꺼주고 조언해주고 옆에서 응원해 주는 존재일 뿐이다.

그럼에도 불구하고 지금까지 의사는 환자의 병을 고칠 수 있다고 생각했고, 환자들 역시 의사에게 자신의 병을 고쳐달라고 애원했다. 그러나 의사는 냉정하게 말을 해야 한다. 병을 고치는 것은 각자의 몫이라고. 의사가 모든 병을 고칠 수 없다고. 의사는 단지 병에서 벗어날 수 있는 습관을 지닐 수 있는 시간적 여유를 만들어 줄 뿐이라고. 궁극적으로 병에서 벗어나기 위해선 스스로 습관을 바꿔야 한다고.

스트레스로 인한 약물 치료도 마찬가지다. 성격을 바꿔 스스로 균형을 찾지 못한다면 지속해서 약물에 의존해야 할 가능성만 커진다. 육체는 망가지는 가운데 오로지 일부 제약 회사들만 돈을 버는 세상이 온다. 약물중독 환자를 만들 뿐이다.

약물은 임시처방이 되어야 한다. 감기를 낫기 위해선 물론 감기약을 먹어야 한다. 그러나 더 중요한 것은 신체의 균형을 잘 유지해 감기를 이겨내거나 벗어날 힘을 키우는 것이다. E형 인간을 닮아 간다는 것은 이렇듯 감기에 걸리지 않는 몸과 마음의 균형을 유지하는 것인 동시에 질병이 찾아왔을 때 거뜬히 이겨낼 수 있는 힘을 키우는 것이다. 치료보다 예방이 중요하다.